逝去的虹影
現代人物述評

陳正茂/著

自　序

　　2011 年正值民國百年，海峽兩岸都有紀念活動，大陸以「辛亥百年」為名，舉行不少場學術研討會，台灣這邊也有若干追念活動。一百年一世紀，說長不長，說短也不短，尤其在憂患重重的現代中國，百年來經歷了辛亥鼎革、軍閥割據、列強欺侮、日本侵華、國共內戰、兩岸對峙等滔天巨變，多少人物，幾多豪傑，在中華大地競逐；多少變故，幾許成敗，在華夏穹蒼下上演。

　　「江山代有才人出，各領風騷五百年」，其實不管是五百年或數百年，在歷史長河下，甚多是「浪淘盡千古風流人物」，在無情時間的洗滌衝刷下，更多的是「俱往矣」！已不復存在或遭人遺忘。能真正接受歷史考驗或公評的，未必是曾經掌握大權的執政者、權傾一時的政治人物、雄霸一方的軍事強人；或富甲一方的豪門貴族。而是其所作所為，對國家民族有所貢獻，對後世有所影響，如此，其人才算是「風流人物」。彩虹雖絢爛短暫，但畢竟為天空抹上一道美麗彩筆，滾滾長江東逝水，書中人物多已不在，但在民國百年史上，他們有如逝去的虹影，仍長留國人心中，是以《逝去的虹影——現代人物述評》為名。

　　自 2008 年出《中國青年黨研究論集》迄今，四年來筆者在秀威出了七本書，連同這本已是第八本。個人非常認同及佩服宋政坤總經理前瞻性的出版理念，倘無 BOD 這樣的出版方式，可能海峽兩岸諸多優秀作品，當無付梓之日，尤其可能無法激發作者進一步撰寫的慾望。畢竟所為之文，若無見天日的一天，多少是會令筆耕者意興闌珊的，至少筆者是如此。

　　當然也要感謝登山兄的拉稿與鼓勵，登山兄長筆者數歲，其著力於民國新文學作家及史料已近三十年，期間，無論是有聲之作的「作家身影」與「大師身影」；或其個人等身的著作，在兩岸三地都有一定的份量。而其一絲不苟的精神，獎掖後進的襟懷，以身作則的努力，都是筆者學習的榜樣。本書幾篇有關民國文人的文章，乃筆者仿傚登山兄的寫作風格而為的。四年出八本書，似乎也算多產，區區成績，均是登山兄的功勞，僅將本書獻給他，以誌提攜之情不敢或忘，是為序。

陳正茂　序於士林

100 年 10 月 26 日

目　次

「世上方知有健兒」

——劉大杰——

　　「我輩江山非昔日，他人樓閣已多時。英雄自古皆窮士，君我而今更有誰！」、「海外飄零總我欺，城春國破少陵悲。今當世亂紛爭日，正是男兒破浪時。」、「草外輕風快馬蹄，金鎗獨自度東西。沙場一洒頭顱血，世上方知有健兒。」這三首慷慨激昂熱血澎湃之詩，是劉大杰在日本廣島贈與青年黨領袖曾琦的，詩歌之悲壯豪情溢於言表。

　　三十餘年前，筆者就讀輔仁大學中國文學系時，「中國文學史」為大二、大三必修課程。當時授課老師為林明德教授，指定課本為台大教授葉慶炳的《中國文學史》；必備參考書籍則為劉大杰的《中國文學發展史》（台北華正版）。至於作者劉大杰到底為何方神聖，根本完全不知，老師亦未介紹，猜想可能因為其為大陸學者，在「白色恐怖」殘存的年代，教授怕麻煩也就不想多講了。爾後的學習歷程，筆者經由對「少年中國學會」的研究，而進一步引發對青年黨的探討，在二十多年鑽研青年黨的過程中，終於發現當年不知為誰的劉大杰，居然是隸屬於青年黨的知名作家，是國家主義派的文藝鬥士。

　　已故青年黨文化工作者陳善新（筆名柳浪），在其主編的《青年生活半月刊》第 2 卷第 3 期（民國 37 年 2 月 1 日）「文化公園」欄，曾對青年黨文藝作家作一「點將錄」的回顧。他說：「中國青年黨之前期文藝作家，有胡雲翼、劉大杰、田漢、唐槐秋、左幹臣、

袁道豐、何仲愚、宋樹人、李輝群、盧隱、徐懋庸、方敬、何其芳、姜華、魏思愆、侯曜、春暉……等人。後期文藝作家有張葆恩、左華宇、拾名、陳秋萍、辛郭、徐沁君、許傑、周蜀雲、田景風、王秋逸、王維明、王慧章等人」，此文證明大杰確實是青年黨員。人世間的事，冥冥中似乎有著一絲淺緣，讓筆者不僅憶起往昔，也興起為文介紹之念，現在就來談談大杰的生平及其「國家主義文學論」的主張吧。

劉大杰（1904-1977），筆名修士、湘君，湖南岳陽人，生於 1904 年（清光緒 30 年）。早年畢業於武昌師範大學中文系，與胡雲翼為同學並成摯友，兩人於 1925 年組「藝林社」於武昌，11 月發行《藝林旬刊》，並刊行短篇小說《黃鶴樓頭》，積極提倡新文藝運動。大學畢業後，大杰遠赴日本早稻田大學深造，研究文學。學成歸國後，大杰歷任江蘇無錫中學國文教員、上海大東書局編輯、《現代學生》主編、安徽大學中文系教授、大夏大學及聖約翰大學中文系講師、廈門大學、四川大學中文系主任、上海臨時大學文法科主任等職務。

1939 年，大杰將其在大學講授之文學史講義，整理撰寫成《中國文學發展史》，上冊於 1941 年出版；下冊於 1943 年撰畢，迄於 1949 年始付梓面世。1941 年 12 月，日本偷襲珍珠港，太平洋戰爭爆發，大杰因抗日故，一度遭日軍拘禁。抗戰勝利後，1948 年大杰出任暨南大學中文系教授，後升文學院院長。1949 年中共建政後，大杰歷任復旦大學中文系教授、文學研究組組長、中文系代理主任。社會職務有「全國作協上海分會」書記、「中華全國文學藝術界聯合會」（簡稱「文聯」）常務委員會委員、「中國農工民主黨」上海市委副主任委員。期間，將其畢生代表作《中國文學發展史》再度增修，分上、中、下三冊，於 1957 年及 1962 年兩次印行。1966 年「文革」爆發，大杰以過去青年黨背景，曾受到嚴厲批判。期間，大杰又將《中國文學發展史》大加修改，於 1973 年修正版問世定

稿。《中國文學發展史》發行三十年來,大杰屢屢修補,可見其對該書重視於一般。

大杰除任教職外,亦兼《收穫》、《文學評論》、《上海文學》等刊物雜誌編輯委員,也曾任《中國文學批評史》主編。1959年春,大杰受聘為《辭海》編輯委員會副主編、編輯委員兼分科主編。1960年春,《辭海》修訂本初稿編寫完成,1962年印行試行本,1965年4月,《辭海》未定稿付梓。1979年2月,上海辭書出版社終於出版《辭海》定稿本,此時大杰辭世已兩年,離受邀編寫已二十載,可見編訂《辭海》工作之艱辛。1975年元月,大杰任中共四屆「人大」代表,晚年任復旦大學中文系教授,1977年11月病逝於上海,享年74歲。

大杰一生著作等身,文藝創作與學術研究均有可觀的成績,創作有:《黃鶴樓頭》、《支那兒女》、《盲詩人》、《十年後》、《昨日之花》、《渺茫的西南風》、《她瘋了》、《故事的罈子》、《三兒苦學記》、《一個不幸的女子》、《白薔薇》、《秋雁集》、《寒鴉集》。學術著作和評論集有:《春波樓詩詞》、《紅樓夢思想與人物》、《李義山年譜考證》、《魏晉人物思想論》、《東西文學評論》、《易卜生研究》、《托爾斯泰研究》、《德國文學概論》、《德國文學大綱》、《德國文學簡史》、《表現主義文學論》、《中國文學發展史》等。翻譯有:《三人》、《苦戀》、《迷途》、《白痴》、《兩朋友》、《孩子的心》、《雪萊詩選》、《狂人與死女》、《戀愛病患者》、《俄國小說集》、《高加索的囚人》、《一個無可救藥的人》、《雪萊的情詩》、《野性的呼聲》(與張夢麟合譯)等。編有:《明人小品集》、《山水小品集》和標點《袁中郎全集》。

歷來有關介紹劉大杰的資料,莫不說他隸屬「中國農工民主黨」,殊不知大杰早年與同窗摯友胡雲翼均加入過中國青年黨,且是宣揚「國家主義文學」的積極旗手。大杰早期的作品與國家主義文學觀,亦常常披露於青年黨的喉舌《醒獅週報》的「文藝特刊」

上。該特刊是繼承原有的文藝欄,加以擴充篇幅而成,初由黃仲蘇主編,內容多為個人的感懷抒情之作。特刊中除靈光、趾青、胡孟平等少數具有發揮該報所鼓吹的國家主義精神作品外,其他作品均與青年黨及國家主義無涉。一直到 1926 年 5 月以後,該特刊由胡雲翼與大杰二人接手後,內容開始有變。他們主張當時中國的時代環境,需要的是國家主義的文學,即寫實的形式,國家主義的內容,從而二人正式豎起國家主義的旗幟來談文學,同時二人所寫的劇本或短論,其國家主義的立場也明顯可見。

大杰在《醒獅週報》最早的文章為〈海角江濱〉一文,該文連載於 1926 年 6、7 月的《醒獅週報》第 87 及 90 號的「文藝特刊」上。文中敘述其赴日留學的途經之地,從家山的初別談起,說到江濱寄信予摯友胡雲翼,滬上宴會結識歐陽予倩、匯山碼頭的少女、長崎海岸、廣島灣畔的櫻花、比治山中、風雨的橫川,最後以寫給外祖母的平安家書告結。內容中最精彩的為,大杰深有感觸,遠赴敵國求學的無奈與悲哀,譬如提到廣島的櫻花,大杰即說:「不要因這裏的美麗的櫻花,就忘記了祖國。要知道這些鋪滿了櫻花的山野,都是住著侵略祖國的主人。祖國他有美麗的江山,他有清秀的郊野,千萬不要因為這裏的美麗的櫻花,就忘記了疲弱的祖國。」大杰深情的說:「月兒漸漸地昇高了,海水總是不住的狂鳴。岸上的櫻花,一層一層地加厚了。就在這個月夜的櫻花海岸,正站著一個悵望祖國天野的青年。」

接著,他提到遊比治山看見擊沈中國砲艇的鐵炮,明治天皇的行宮,感觸激動的說:「比治山,雄壯的高峻比治山!你在日本史上,得了無限的光榮,在我們的眼光中,已成了不共戴天的仇敵。」最後,大杰有感而發「唉!今天走到這座山中,正好像是亡了國的高麗人一樣。親愛的祖國的同胞們,你們要走到敵國來,才看得出祖國疲弱的真跡。」

　　有趣的是，他從鷹野橋坐電車到橫川去找好友崔萬秋，崔萬秋告訴他一些關於人家戀愛的事，豈料大杰卻正經八百的說到：「我無論如何，不同日本女人戀愛。任我受終身的流離與孤獨，也不願同我仇敵談愛情。我們現在要看清我們的責任，要認清我們要走的路程。男女的愛情，在現在中國的環境壓迫下的青年，還不感著唯一的飢餓，我們這般青年最重要的責任，就要在這個『四面楚歌』的壓迫之下，把祖國救出來。」所謂「匈奴未滅，何以家為」，國仇未報，豈能兒女情長，大杰滿紙的愛國血忱，正符合彼時「國家主義」的思想，而由其好友胡雲翼與崔萬秋均是國家主義的信仰者，推算其加入青年黨的時間，大概也是於此時。

　　1926 年 7 月 18 日，大杰在《醒獅週報》第 92 號，寫了〈國家主義文學論〉，為其首篇闡釋國家主義文學之力作。文章開頭即痛批「中國現在的文藝作品，都成了一種脆弱的亡國時代的悲調。可以說希臘滅亡時候的哀音，送到了中國的現在。」其因何故？大杰說：「現在中國雜誌上面的小說與詩歌，差不多沒有一篇是現在中國所需要的作品。」他批評當時的文學界，多是風花雪月無病呻吟之作，不是寄情山水，就是歌詠愛情。殊不知「五卅慘案」的槍聲，段祺瑞「三一八慘案」的慘殺學生，但我們的作家卻只會每天寫點情詩；寄託於愛情，好像文學是要這樣才成其為藝術，好像不是描寫愛情的小說與詩歌，看了就不感興趣。

　　大杰以為這種歌情頌愛的作品，不限定是真的藝術。他舉托爾斯泰在《藝術論》書中說過：「這樣惟以傳達淫慾的悲觀的情感的作品，認為不是真的藝術。我們對於這樣的東西，不但不應該獎勵，並且應該驅逐和排斥。」而當時中國的文學界，即如托爾斯泰所說的，「惟以傳達淫慾的悲觀的情感的作品了」。因此大杰認為這樣的文藝，這樣虛偽的無用的文藝，在現在的中國根本沒有存在的必要，是應該要加以驅逐和排斥的。

　　隨後他話鋒一轉提到「本來談到文藝，是沒有含什麼主義的。她是超越階級，道德和一切的生活的表現。」不過時代和環境又和文學有密切的關係，一個時代，產生一個時代的文學；一個環境，發生一個環境的文藝。某個時代需要某種文藝，假使這種文藝是這個時代迫切需要時，大杰以為，我們的文藝作家，將責無旁貸的去努力追求。

　　大杰批判當時國內文壇，一些主張共產主義、和平主義、世界主義的文學思潮，他認為那些都是好高騖遠與不切實際的。他沈痛指出「中國既到了快要滅亡的一點。我們這般研究文學的人，對於國家的興亡，應該負有相當的責任。……我們應該睜開眼睛，看透中國現代的國情和環境，究竟需要那一種文學。……我在這兒大聲疾呼的，斬釘截鐵的向著愛國的有為的青年說：現在中國需要的文學，是國家主義的文學。」

　　他接著勉勵中國的青年作家，做詩人要做義大利的熱血詩人鄧南遮，寫小說就要寫都德的《最後一課》，這些作品使人讀了，會興起一股悲壯的愛國熱情，而那些花兒草兒醉生夢死的戀愛言情作品，都應該燒掉毀掉。他舉挪威戲劇家易卜生對祖國改革的雄圖，提到「人心的大革命」，就是我們現在努力的「全民革命」，大杰強調看了易卜生的話，才知道文學家對於國家的責任是如何的重大了。大杰最後講到他和胡雲翼在信中提及，將來中國的文壇，將分為純文學、社會主義和國家主義三派，但他更堅信國家主義派文學，是中國文學未來主流之大勢所趨。

　　說到國家主義文學的偉大將來，大杰認為要我們自己來創造，他信心無比的呼籲：「青年們！祖國的嗜好文藝的青年們，我們以後要正式樹起國家主義的旗幟來談文學。我們的主張，是真的有目的的國家主義的文學。這種文學，形式是寫實的，內容是國家主義的。那些充滿了淫慾的悲觀的虛偽的無目的的東西，我

們應該排斥和驅逐。」大杰以戰鬥之姿的口吻說:「青年們!你們有和我們表同情的,以後我們就互相努力,有反對的,以後同在疆場上相見!」

未幾,在《醒獅週報》第102號,大杰續寫〈文學家與國事〉,為其〈國家主義文學論〉一文之補充。在該文中,大杰歷舉世界偉大思想家、大文豪,如英國莎士比亞、義大利鄧南遮、德國菲西特與霍卜德曼、西班牙的伊本納茲等巨子為例,當其祖國有難時,他們是如何的以作品來振奮人心鼓舞士氣,激發國人的戰鬥意志,和欺凌的列強、和腐敗的勢力抗爭周旋到底;有的甚至還親上戰場與敵人拼搏,這種替祖國犧牲一切的精神,比什麼都要光榮。

大杰回溯中國古來的文學家,大都孤標傲世,不屑與聞國事,嘯傲風月,寄情山水,以高潔自我標榜,以隱逸避世為清高。如陶淵明、孟浩然、蘇東坡、納蘭性德、曹雪芹之流均如是。這樣的文學家,都是唯美主義,賞樂主義的代表,其作品自然也完全是唯美、賞樂主義的作品。大杰稱這些文學家的作品,說不到是人生的藝術,也非有目的之藝術,而是一種無目的的藝術。此無目的之藝術,在中國可謂綿延已久,它們產生了無數作家與作品,但充其量只是一種「貴族的藝術」。

大杰說這種「貴族的藝術」放在二十世紀的中國是不行的,在列強侵略下的中國是沒有存在的餘地。因為中國以前,無論如何並沒有動搖國本,但現在的中國可不同了。他說:「可愛的祖國,已到了快要滅亡的時機,祖國的同胞,都有做他人奴隸的危險。任你是一個怎樣的孤標傲世的文學家,亡國以後,再偉大,也不過是太戈爾的兄弟了。」所以他期許,現在的文學家,要知道自己對於國家所負的責任,比其他人來得重,因為文學家又比他人,對時代來得更敏感。

　　大杰聲嘶力竭的呼籲「親愛的青年！愛好文藝的青年！快快睜開眼睛，看看中國到了怎樣的危急。唐宋元明清，都過去了。中國現在需要的文學家，不是唯美主義賞樂主義的文學家，需要的作品，也不是那些充滿了情慾的無目的的作品。我們不幸生在這個病時的中國，萬幸又做了二十世紀的青年。二十世紀中國再造的責任，當然歸我們這般青年負擔。再造中國的無限的光榮，又何嘗不是我們的希望」。

　　是以大杰慷慨激昂的鼓舞青年作家道：「文學家對於國事，誰說不負責任。一壺酒，一樹花，看花飲酒，醉後高眠的時期過去了。現在的中國，到了二十世紀的中國，到了列強侵略的中國。到了快要消沈的中國。聽呵！葬鐘又在敲了！葬鐘又在敲了！勇敢的文士！熱血的詩人！起來罷！起來罷！」直把文學家與知識份子的角色，和風雨飄搖內憂外患的中國當時之處境，作有效及必要的連結，而此一連結之臍帶，以大杰觀之，就是倡導積極愛國的「國家主義文學」。

　　基本上，大杰之所以參加青年黨，以及他熾熱的愛國情操，和同時代的聞一多參與「大江會」，強調愛國至上的情形相類似。他們除了強烈愛國心外，身處異國遭受輕視的悲憤情結，可能更是主因。聞一多留學美國，遭受白種人對有色人種的歧視，已難以忍受；何況大杰留學彼時侵略中國最甚的日本，那種遭踐視的感覺，更是錐心刺骨之痛。在《醒獅週報》第 106 號的「文藝特刊」，他發表一篇名為〈寄祖國的青年們〉，將此心跡沈痛的表露出來。

　　他說：「在國內住著，雖處處感著軍閥的專橫，帝國主義的殘暴。但每天所看見的，總還是祖國的碧水青山，總還是祖國的兄弟姊妹。腳一踏到異國的土地，尤其是這個處處遭人白眼的日本，你更要感到你纔真是亡了國的旅客。」大杰之言，如同聞一多在美國寫的家書言：「一個有思想之中國青年，留居美國之滋味，非筆墨

所能形容。俟後年年底我歸家度歲時，當與家人圍爐絮談，痛哭流涕，以泄余之積憤。」此一辛酸，誠如梁實秋在《談聞一多》書中所評論的「一個人或一個國家，在失掉自由的時候才最能知道自由之可貴，在得不到平等待遇的時候才最能體會到平等之重要。年輕的學生到了美國，除了極少數喪心病狂、甘心媚外、數典忘祖的以外，大都懷有強烈的愛國心。」

在敵國的屋簷下，大杰深有所感的說：「只要有一點人心，只要有一點情感，對著黃昏時候的晚霞，望望故國的煙霧，對著海水波中的明月，望望祖國的江山，再想想自己在異國所受的人家的白眼，所聽的諷刺的笑聲，你的火熱的淚珠，會暗暗地滴滿你的衣袖。」大杰接著以安南的妓女尚且有愛國情操，中國的青年豈可麻木不仁；外國人都熱愛自己的國家，中國青年怎能頹靡消沈。義大利的青年運動成功了！土耳其的青年運動成功了！有四千年文化歷史的光榮的中國，怎忍坐視中國的消亡呢？所以他以寄給曾琦的一首詩「今當世亂紛爭日，正是男兒破浪時！沙場一洒頭顱血，世上方知有健兒！」與所有中國青年互勉，要救中國捨我其誰。

1926 年 5 月，適值「五卅慘案」一週年紀念，大杰摯友胡雲翼於《醒獅週報》第 84、85 號兩期，發表〈國事千鈞重〉對話劇，透過劇中杜一萍、董筠秋夫婦的對話，道出中華男兒在面對列強欺凌時，國事千鈞重但是勇於承擔的革命愛國熱誠。雲翼的對話劇勾起了大杰為文相呼應的動機。其後，他也在《醒獅週報》第 112 期發表〈頭顱一擲輕〉獨幕劇以為烘托。在前言中，大杰談到「近來愛情與國事的心情，時時在心中上下。我想現在要是牽著愛人的手，在快要滅亡的中國的江濱散步的時候，未必能夠感到真正的愛情的驕傲與光榮。就是做了得了諾貝爾獎金的世界著名的太戈爾詩人，也不過是一個印度亡國奴的種子。」因此在胡雲翼〈國事千鈞

重〉刊載後，於崔萬秋的敦促下，大杰也寫了〈頭顱一擲輕〉以為助陣。內容以奉勸青年，宜拋開兒女私情，獻身報效國家為主旨；其後在該刊發表的獨幕劇〈侮辱〉，敘述僑民在國外遭受欺凌虐待之事，亦仍延續此種喚醒國人，愛國自強之風格。

當然，大杰堅定不移的「國家主義文學論」之主張，也引起一些反對的聲浪，同為湖南人，時已在《小說月報》撰稿的黎錦明，即曾為文批評他。但大杰不僅不為所動，反而針鋒相對的在《醒獅週報》第115號，以〈淺薄的批評者〉予以反擊。文中除指責黎氏不明瞭一件事的究竟，就喜歡提筆來批評人家外，仍不改初衷的為自己「國家主義文學論」之主張作辯護。大杰一再強調，「我們對於文學的主張，是不變態的，我們唯一的主張，就是攻擊中國現在的充滿了淫慾的無目的的文學，我們願走出象牙之塔，來建設一種有目的的文藝。」職是之故，他還預告其與黃仲蘇、胡雲翼等志同道合之士，準備於1927年2月擬出版《青年文學週報》，由黃仲蘇負責編輯，胡雲翼總管事務，以積極推動他們「國家主義文學」的理論和主張。

基本上，大杰的國家主義文學論，主要見諸其在《醒獅週報》的三篇文章。除上述二文外，1927年元月22日，大杰於《醒獅週報》第120號，刊布其〈文學與國家〉一文。強調當今世界，輿論的影響力非常之大，因此要讓世界瞭解中國，不是靠政治上的宣傳，和武力的壓迫可以成功的，而是要靠文學的輿論。他說，文學輿論力量的偉大，真是不可思議，往往一兩句詩，或是一篇短篇小說，就可以得知你這個民族的全部。

大杰說，或許有人會認為他言過其實，但須知各國的文學作品中，即蘊含各國的民族性。一個偉人或一個他樣的人，不能代表他們普遍的民族性，能夠把普遍的民族性，暴露在世人眼前的，就是文學。大杰以俄日兩國為例，提到英法等文明國家，以前對這兩個

國家的輕蔑，直到後來讀了托爾斯泰、杜斯退也夫斯基和德富蘆花等大文豪的作品，才對俄日兩國的民族性，有進一步的瞭解。

俄日如此，中國又何嘗不是，他舉中國偉大小說《紅樓夢》和詩歌為例，那種只知談情說愛，寶哥哥林妹妹的內容；那些只會感懷風月，無病呻吟的詩歌，讓外國人一看，即知中國是個不求長進，安貧樂道，懦弱脆弱，自甘被奴役的民族。大杰憂心的痛陳：「中國現在的文藝的作品，比以前更墮落了。假使有機會讓外人來讀現今中國的作品，他們一定要驚異中國人情感的無聊，眼淚的濫流了。更進一步，他們一定要說中國人現在的愛情，都是肺病的愛情，中國現在的文學，都是肺病的文學罷。」大杰語重心長的期許「不偉大的民族，本難產出偉大的作品。我希望祖國愛好文藝的青年，要在正路上努力。」多自我修養，多讀些世界名著，不要再寫些充滿淫慾毫無目的的作品，因為那不是真正的藝術。偉大的文學，是生命的表現，是國魂的表現，是全民族精神的表現，中國的文藝青年們！可不要將其看得太隨便啊！

平情而論，胡雲翼與劉大杰二人所主張的「國家主義文學論」，就文學所扮演的角色言，是有其明顯的片面與偏頗之處。但是他們的主張，若由二〇年代內憂外患，紛至沓來的中國觀之，是有其一定的歷史背景與時代意義的。我們承認國家主義的文學，是有其狹隘與侷限性，但是在列強恣意侵略，軍閥喪權辱國，中國將淪為「次殖民地」之際時，彼時的知識份子，都有股強烈的民族主義與國家主義的傾向，其反帝國主義的心態和意志也較為濃厚。

可是當祖國因循不振，政局腐敗如故時，其內心之錐心之痛及焦慮之感，使他們想要快速尋求解救中國之道。青年黨的「內除國賊，外抗強權」主張，滿足了一部分熱血青年的訴求，其國家主義，強調愛國至上的理論，更讓許多青年奉為信仰。而透過文學的文藝創作，以灌輸愛國思想，啟發民智，亦為救國的手段之一。基本上，

國家主義文藝倡導者

——胡雲翼——

　　中國青年黨昔時常被稱為「國家主義派」或「醒獅派」，然稱該黨為一「書生集團」或「秀才集團」似亦不為過。原因為該黨的組成份子，泰半均以大學教授、中學教師、作家及青年學生等知識份子為主要群體。說到青年黨，大家可能只想到曾琦、左舜生、李璜等領袖，其實在該黨黨員中，也曾出現不少有名之學者與作家，如劉大杰、唐槐秋、左幹臣、侯曜、廬隱、姜蘊剛、何仲愚、袁道豐、崔萬秋、胡雲翼等，都是有聲於時且卓然有成的。其中，胡雲翼不僅後來以詞學研究聞於世，更是早期「國家主義文藝觀」的積極倡導者，其生平事蹟和文藝思想，世人知者不多，故頗值一述。

　　胡雲翼（1906-1965），名耀華，字南翔，筆名翼、北海、拜蘋女士，湖南桂東人。生於清光緒 32 年（1906）。幼讀小學、中學，1924 年考入武昌師範大學中文系。因酷愛文藝，1925 年 4 月，與同學劉大杰、賀揚靈等好友，在武昌共同組織「藝林社」。5 月，上海「五卅慘案」發生，6 月，雲翼受「武漢學生聯合會」之託，至滬出席第 7 屆「全國學生總會」，並在會上與高標君等提出「軍事教育提案」，獲總會決議完全採納。會後，雲翼特別詳述〈軍事教育提案及其說明〉，登載於《醒獅週報》第 42 號。提案說到：列強環視，外侮紛來，在對外實力上言，學生不可不添加「軍事教育」；我國知識階級，素來懶於勞作，只知終日伏案，不知鍛鍊身體，學校體操一課，大都形同虛設，無健全之體力，則學術亦難以成功，

故就強身自衛言，不可不添加「軍事教育」；此外就世界教育趨勢，或實行改進民團等角度上看，亦在在需要「軍事教育」。

而實施辦法為：（1）、全國大中小各學校一律添加軍操及軍事教課（小學校或就舊有之童子軍而擴充之，務期普及於各地小學。至大中學校，則軍操須定為強迫課，每早必操一點鐘。軍事教課每週至少三點鐘，須甄別給學分）。（2）、大中各校可由志願的組織學生軍（學生軍之訓練，當然較之普通軍操更為嚴格。在組織上在生活上均應有軍中的範樣。惟須各量體力，自由加入）。目的希望養成能夠以武力自衛的學生，身體強健能支大難的學生；培養有知識有理想的軍事教練官，商團鄉團之明白指揮者。

在提議說明中，雲翼侃侃而談的說到國人被歐戰後，國際和平的假象給欺騙了，以為世界從此永遠和平。但「五卅慘案」後證明，列強侵略中國如故，我們要聯合世界被壓迫民族及無產階級起來共同抵抗列強；欲對壓迫我們的列強實施「經濟絕交」，方向是對，但不切實際，且實益不大。我們覺得只有實施軍事教育，才是根本解決之道。軍事教育的效力，對內要打倒軍閥剷除國賊，其方法為「全民革命」；要做到「全民革命」，須先有「國民實力」與「全民武裝」才行。因此，我們希望全國學校先實行「軍事教育」，把學生界能夠武裝起來，漸及於全民武裝，才能談到對內「全民革命」以除國賊打倒軍閥，對外聯合世界弱小民族無產階級以推翻強權。

接著，針對外界對學校實施「軍事教育」的種種疑慮，雲翼逐一予以解釋及反駁。尤其雲翼提到，最反對「軍事教育」的，要算共產黨人了。他們以為「軍事教育」是「國家主義者」的主張，他們是否認國家之應該存在的。其實，只要較聰明的共產黨人，就算不贊同「國家主義」，也無法否認「軍事教育」。雲翼最後認定，總之，無論是要求民族獨立，推翻帝國主義或打倒軍閥，國人都有實施「軍事準備」與「軍事教育」的必要。細究雲翼此際的言論與主

張，其加入青年黨應該與此同時。11 月，雲翼創辦《藝林旬刊》，初附於北京《晨報》副刊，15 期以後改為半月刊，由武昌「時中合作書報社」印行，出至 24 期後停刊，期間曾受到郁達夫的鼓勵與支持。

1927 年夏，雲翼自大學畢業後，曾任長沙嶽雲中學、南華女中、湖南省立第一中學、江蘇無錫中學等校國文教員多年。其後又執教於鎮江師範學校以及上海暨南大學中文系教授。於此同時，雲翼尚兼上海「中華書局」與「商務印書館」兩大書店的編輯工作。1937 年 7 月，抗戰爆發後，雲翼投筆從戎，最初在江浙一帶參加抗日救亡工作，後又前往福建打游擊，曾幾次打退敵人，也幾乎身殉。據其友人天行在〈記胡雲翼——作家憶往之一〉文中提到：「有一天，在一個小島上，敵兵來了，他和夥伴們連忙躲避，大家都快步地走到一叢森林裏，雲翼因脫不了書生本色，來不及跟上別人，只好藏身在河灘蘆葦叢裏。後來上岸的敵人用機槍向森林中掃射，他的夥伴們全部作了犧牲品；敵人見無動靜了就下船。不料敵人的船剛要開的時候，雲翼以為那些敵人已去遠，伸出頭來，被船上的敵人發覺，打了一槍，雲翼足部受傷倒地，那些敵人當作他已死了，就離岸遠去。」（見《青年生活半月刊》第 21 期，1947 年 12 月 1 日。）真是九死一生，驚險無比。1945 年 8 月，抗戰勝利後，雲翼轉任地方行政工作，曾出任浙江省嘉興縣縣長。1949 年，中共建政後，仍回復教職，於上海南洋模範中學與師範學院任教。1965 年，因病在上海逝世，享年 60 歲。

雲翼一生雖僅活六十載，但筆耕創作不斷，對文學的興趣，主要以研究宋詞為主；也最有成績。其 1926 年 3 月出版的《宋詞研究》（上海中華版）一書，曾被水準甚高的「少中」，列為「少年中國學會」叢書之一。雲翼曾言：「本書行世前，尚無此類專書」，可見該書為開宋詞研究之先驅著作。9 月，另一著作《唐代的戰爭文

學》（上海商務版）亦付梓，列為王雲五主編的「國學小叢書」之一。又本年 5 月，適值「五卅慘案」一週年紀念，雲翼於《醒獅週報》第 84、85 號兩期，發表〈國事千鈞重〉對話劇，透過杜一萍、董筠秋夫婦的對話，道出中華男兒在面對列強欺凌時，國事千鈞重但是勇於承擔的革命愛國熱誠。

　　10 月，出版短篇小說、戲劇集《西泠橋畔》（上海北新版），其中〈西泠橋畔〉為一獨幕短劇，曾連載於《醒獅週報》的「文藝特刊」。該短劇藉由兩位男主角金生（韓國志士）與砥柱，於夜晚徜徉於西子湖的西泠橋畔的對話，中韓志士惺惺相惜，雙方各道出韓國亡國之痛；與「五卅慘案」後中國遭受列強欺凌之恨。其後劇情又加入砥柱與其妹妹瑞芳，積極參與暗殺賣國外交政客顏谷均一事，欲仿韓國志士行刺日本駐滬領事之事。內容最高潮係，金生實為行刺上海日領的韓國人李德廣之冒名，在暗殺行動失敗後高呼「打倒日本！還我們神聖的自由！大韓國萬歲！」而舉槍自盡。雲翼將此一愛國青年的英勇故事，寫得慷慨激昂，振奮人心，結尾又以詩歌吟唱，追悼死者，盪氣迴腸，頗有可讀性。

　　1927 年，雲翼於《醒獅週報》128 期發表〈西湖寄贈〉新詩兩則，為寄予摯友劉大杰之作；其後於該週報 135 期上，又刊載新詩〈烏江的哀吟〉，為憑弔古英雄項羽的作品。1928 年元月，雲翼又出版《中秋月》（上海光華版），以 1927 年武昌圍城之事為背景，故亦稱《圍城雜記》，文筆生動感人，口碑甚佳。是年 9 月，雲翼一口氣連出三書，分別是《抒情詞選》，收錄溫庭筠、韋莊等抒情詞一百八十餘首，由上海「亞細亞書局」出版。另外，雲翼亦創作話劇《新婚的夢》，原名《洞庭秋》，又名《血鐘》（上海啟智版），列為「天風社叢書」之一。此外也編了「文學小叢書」，內收他的〈李清照及其漱玉詞〉、〈女性詞選〉、〈抒情詞選〉之合訂本，亦委由上海「亞細亞書局」發行。

10 月，雲翼還印行《中國文學概論》（上編），後改為《中國文學史大綱》（上），此書為作者於 1926 年在武昌所寫，作為中學生之課外讀本，原分上、下兩編，唯未見下編，由上海「啟智書局」出版。同年，雲翼尚有《浪漫詩人杜牧》一書問世。在鑽研中國古典文學之餘，雲翼仍有新文藝創作，1929 年 5 月，其短篇小說集《愛與愁》出版，內收〈愛與愁〉、〈蘇娜〉等五篇小說。1930 年元月，雲翼將其多年研究詞學所得，寫成《詞學 ABC》一書，列為上海徐蔚南主編之「ABC 叢書」之一，一時頗為轟動。是年 12 月，雲翼亦將對古典詩詞之研究，接連整理發行《唐詩研究》、《宋詩研究》以及《詞學》等三書，成果豐碩，嘉惠士林尤多。「光祿池台燕子箋，桃花血濺奈何天，石城代有興亡蹟，哭罷明陵三百年。」今古興亡，在詩人筆下正有幾多感觸呢？這是雲翼的一首〈無題〉絕句，可見他在舊詩方面，不僅有整理闡述之功，自己也曾下過一番工夫在舊詩的創作，其根柢大體是不差的。

1932 年 4 月，雲翼將其過去研究中國文學的見解與心得，撰寫出版《新著中國文學史》一書，一時洛陽紙貴，成為很多大學中文系指定的必備參考用書。本書曾流行至海外，1941 年東京高山書院還印行日人井東憲的日文譯本。12 月，其編輯之《李白詩選》一書亦行於世。1933 年 3 月，針對青少年作文能力不佳，作文往往不知如何落筆的窘況，雲翼與謝秋萍合作，編著《文章作法》一書，列為「文學基本叢書」之一，對彼時中學生作文能力之養成，影響甚大。

本年 6 月，雲翼對詞的研究更上一層樓，出版體大思精的《中國詞史略》一巨著，全書自詞之起源始，中為晚唐五代宋金元明詞，迄於清。9 月，將《中國詞史略》刪減為《中國詞史大綱》，另增寫唐五代北宋詞人補志，以單行本出版。12 月，在之前《文章作法》一書的基礎上，雲翼與洪為法合作編著《國文學習法》一書，

對如何閱讀欣賞學習中國的文學之美，作更充分詳實的敘述。1934年 8 月，上海「北新書局」發行雲翼所選編的《現代戲劇選》上、下兩冊。上冊收錄田漢的〈蘇州夜話〉等獨幕劇六篇，下冊收歐陽予倩〈回家以後〉等獨幕劇六篇，該書列為「中學國語補充讀本」。是年 12 月，雲翼為迎合中學生的需求，另編《詞學概論》及輯注《詞選》和《現代小說選》（上、下冊）等書問世，前者為「中國文學講座」之一；後者則為「中學國語補充讀本」，並列為高中適用讀物。本年同時付印其所編之「詞學小叢書」，可謂其整理詞學相關著作之集大成。

1935 年 8 月，雲翼撰《故事詞選》序，1936 年 11 月，出版《我們的文藝》一書，列為「中國青年叢書」。1937 年 7 月，抗戰軍興，11 月，上海棄守，同月出版《故事詩選》、《故事詞選》；並編著一系列《寫景文選》、《論說文選》、《敘事文選》、《抒情文選》等書，為提升中學生的習作，提供最佳範式。1942 年 9 月，雲翼將先前編纂習作之書，濃縮為《國文學習指導》一書，交桂林「文友書店」付梓發行。1946 年 11 月，上海「文力出版社」出版雲翼所編之《抒情詩選》、《宋名家詞選》、《清代詞選》、《女性詞選》、《李後主詞》、《李清照詞》、《辛棄疾詞》，並將其續列為「詞學小叢書」。

1949 年中共建國後，雲翼在上海南洋模範中學、上海師範學院任教。1961 年 12 月，「中華書局」上海編輯所發行其《唐宋詞一百首》，列為「古典文學普及讀物」之一。1962 年 2 月，該所續出其所選注之《宋詞選》、《北宋詞選註》。1964 年，雲翼參與朱東潤為北京「中華書局」主編之「中國歷代文學作品選」之編選、註釋工作。1965 年，因病於上海逝世，享年 60 歲。雲翼畢生除盡瘁於中國古典文學的編注、整理工作外，亦戮力於新文藝的創作，除之前的《西冷橋畔》《中秋月》、《新婚的夢》外；另著有散文集《麓山的紅葉》、《愛晚亭的風光》；評論集《藝林社文學論》等。

　　雲翼一生，雖無顯赫的學經歷，既沒喝過洋墨水，也未在名大學任教。然其腳踏實地，默默耕耘，終在中國古典文學的領域，尤其在宋詞的編選與整理上，取得了卓越的成就，有其不可磨滅的貢獻。不僅如此，雲翼亦投身於新文藝的創作，雖無了不起的佳績，但其勇於嘗試的勇氣，仍是值得肯定。尤其雲翼曾加入過青年黨，是國家主義的堅定信仰者，早在曾琦創辦《醒獅週報》的年代，雲翼在其刊物上，即積極推動「國家主義」的文藝觀。在 1925 年 11 月 21 日《醒獅週報》第 59 號上，雲翼曾撰〈國家主義與新文藝〉一鴻文，痛批當時的中國文壇，只會創作一些吟風弄月、無病呻吟的作品。

　　他說：「試看這幾年來中國新文藝所給予我們的是什麼？所給予我們的，是沈醉於象牙之塔，是據洪爐而高歌，是夢想死在愛人的身旁，是迷戀於樂園、月宮、天國，或是肉慾主義的追求，或是花前月下的幽思；不是要為愛人跌自崑崙山之巔，就是願為火山烈焰中的殉情者；彷彿宇宙就要破滅，好像世紀末就要臨到；好像沒有幾分病態，就不成其為作品；好像沒有幾分癡狂，就不成其為作家。」

　　雲翼接著嚴辭批判文學界，他認為中國的戲劇，除了愛情劇外，反映社會問題劇卻很少。短篇小說雖然「汗牛充棟」很是發達，但如文壇頗富好評的魯迅之《吶喊》，只是滑稽與諷刺；冰心的《超人》僅限於描寫母親的愛與小孩子的愛，雲翼質疑這與時代和環境有什麼關係？至於郁達夫的小說《沈淪》、《蔦蘿集》，為青年所學的僅是浪漫與病狂，其作品都成了頹廢的範式了。

　　說到詩歌，有的也只是滑稽遊戲的文字如《嘗試集》；有的是只會雅翫山水，欣賞景緻的如《草兒》、《冬夜》；這些都是點綴太平的飾物。即便如冰心的《春水》、《繁星》，也只是表現女性的溫柔；「湖畔社」的幾位詩人，更沈迷於戀愛的天國，覺得宇宙之大，只有「愛人」，只有「淚珠」，只有「月姊花妹」。

　　雲翼不客氣的說，「我並不是想貶毀牠在文學上的藝術價值，也並不是說這種作品根本是不應該有的，只是離開現實太遠了，離開時代太遠了，尤其是不吻合於現在環境的中國。」而現在環境的中國是如何呢？雲翼義憤填膺也不無憂心忡忡的說：「我們看幾千年文化遺傳的中國民族，已經在淒風苦雨裏度牠的殘年，豈容還沈醉於象牙之塔？在國外一方面講，由大礮的轟打，戰艦的襲擊，進而為經濟的剝蝕，由經濟的剝蝕，進而為精神文化的摧殘了，許多強寇都張牙舞爪耽視著我們。在國內一方面講，政府的無用，軍閥的橫行，政治的清明無望，兵士的橫蠻騷擾，土匪的搶劫姦淫，使我們的生活陷於絕境。」

　　處此內憂外患，國不成國之際，雲翼沈痛的呼籲：「青年文藝家們，這些緊迫，假如你們的情感的同情作用還沒有失卻時，你們的熱血也應該沸騰起來了吧！其實就是你想擁抱愛人在樂園狂吻，外國的水兵偏要你死在南京路的礮雨鎗林；你夢想美滿的家庭生活和詩人的生涯吧，那些兵和匪偏要將你的爸爸和媽媽架上殘酷的鐐銬。」雲翼最後對那些麻木不仁的青年作家撻伐說：「偏有我們可愛的青年作家，乃積靡的，病狂的，在夢裏，在醉中，高唱他們的戀歌和葬歌，不知時代為何物，不知環境為何物。咳！你們的國民感情那裏去了？你們的民族意識那裏去了？你們青年熱血那裏去了？這般死屍的中國文學界！這纔是『亡國之音』呢」！

　　為證實其說，雲翼列舉中國歷代國之將亡的淫逸文學以為證，強調「商女不知亡國恨，隔江猶唱後庭花」的慘況，以警醒當時中國的文學界。雲翼說：「假如我們不能否認『文學是時代精神的射影』，不能否認『文學是環境的產兒』這種淺顯的話，那末，為什麼現在文壇的創作，離開時代與環境這樣遠呢；……現在的文壇作風，正和周末、南北朝、五代、宋末同樣是亡國的表徵。前瞻後顧，

不寒而慄！」雲翼認為，何以今日中國之文壇至於這樣疲靡呢？他
認為是由兩個原因所造成的：

(1)、自由文藝的流弊：他知道胡適等人，當年提倡新文學，
原本在追求個性的表現。然幾年下來，自由文藝的結
果，不但個性的表現沒有什麼效果，而文藝的趨向，卻
流於空虛，流於幻想。雲翼批判道：「老實說，從前的
文學，固然很多『無病呻吟』；現在的新文藝，也沒有
『言之有物』，離生活、個性的表現，還是很遠，這都
是自由文藝的罪惡」。雲翼以為「文藝決沒有擺脫時代
與環境的自由，……文藝作品完全是被環境與時代所
鐐銬，作者不過有權力在材料作法和修辭上的自由創
作而已。」但當時國內文學界的諸多作者之創作，「已
不根據於實際的感觸和感情的修養，僅憑藉一點空虛
的幻想和偶爾的意興，這樣製成的文學，自然不是實
際的、社會的、國民的，而是空想的、個人的、享樂
的，與時代與人生都無關係」，這自然是自由文藝遭詛
咒的原因之一。

(2)、中國文人的因習：雲翼觀察到雖然新文學的革新，是剷
除掉創作上的一些束縛與毛病，但並未根絕一些中國舊
式文人的陋習。而大部分的新文學者，依然有意無意的
模仿舊文人的那種人生態度。許多青年還在做才子佳人
的迷夢，作貴族生涯的夢想；詛咒社會、人生、宇宙；
誇大病狂，奇異幻想。從前叫「名士」，現在稱「浪漫」；
從前呼「狂士」，現在謂「頹廢」；「追懷往昔，哀感今
朝」，有病沒病也要呻吟幾句「花前月下，問字聯吟」。
雲翼痛斥這種非國民的生活與人生觀，充斥於當時中國
文壇，傳染到我們青年文藝家身上；兼以實際生活的貧

乏，民族的惰性，國民性的平和，和青年的生活慾求所起的煩惱，也都是造成當時文壇疲靡的眾多原因。

在找出文壇病灶後，如何來根治呢？也就是說，怎樣來矯正自由文藝的流弊與如何打破中國文人的因習呢？雲翼提出了「國家主義的文學」這帖藥方。雲翼說：「國家是有機體，是完整的民族，自有牠悠久的歷史和文化，自有牠的環境和時代；由那歷史、文化、環境、時代形成民族意識與國民感情；這種民族意識和國民感情，就是國家文學的淵源」。依此言之，「國家主義的文學也就是以鼓吹民族意識，鼓吹國民感情自任，一方面提倡波瀾壯闊的、樂觀的、猛進的，謳歌『祖國超於一切』的、鼓勵民族思想的、帶強烈的反抗性的文藝，而反對那些無病呻吟的、卑怯的、違背民族思想的、頹廢的、悲觀的、殉情派的文藝；一方面提倡血和淚的、戰爭的、悲壯的、祈戰死的愛國文藝，而反對那些『沈醉於象牙之塔』的、『據洪爐而高歌』的、失戀的、花妹妹月姊姊的『靡靡之音』。」這是國家主義的文學對於文壇現狀猛肆攻擊之點，也表明國家主義文藝觀的特別傾向，至少是可以矯正當時文壇之衰症。

其次國家主義的文學者，根本反對中國舊式文人那套因習態度。我們提倡文藝上的國家主義，就是要徹底打破中國文人那種「吟風弄月」、「遊翫山水」、「名士風流」、「才子佳人」、「無病呻吟」的灰色人生。要他們的思想浸入國家意識、要他們生活浸入國民生活、要他們的情感從愛人家庭擴及至國家社會裏。文藝創作內容，與其醉吟愛神之戀歌，不如高唱立馬崑崙之巔，戰死太平洋之面。

雲翼知道有不少人主張世界文學，譏嘲國家主義文學之偏隘。但雲翼認為所謂的世界，如果沒有了國家和民族，不知還剩下什麼？每一個國家，都應該表現他們國家文學的特色。於此，我們中國也應該從民族性來發展我們的國家文學，假如只一昧的模仿歐美

文學，則中國文學之特色，將隨世界文學而消亡。因此，雲翼非常堅定的主張，今後文壇的新發展，當屬國家主義的文學。

〈國家主義與新文藝〉發表後，雲翼又撰寫〈我們為什麼研究中國文學？〉一文，對國家主義的文藝觀，作進一步的闡揚。雲翼首先開門見山的指出，近來中國文壇的一個新趨向，是很多人反對研究舊文學。雲翼說，站在「創作」上言，自然不該主張舊文藝的復活；但就「研究」言，文學本無新舊，我們怎能拋棄對中國舊有文學之欣賞呢？我們研究中國文學的目的，其實只是「研究舊文學，創造新文學」罷了。

然彼時國內一些極端新文藝家，仍是強調應該研究新文學，創造新文學，要完全和舊文學絕緣，好像舊文學已失掉了時代性，失去了研究價值。雲翼對這種武斷又偏狹的講法，非常不以為然。他痛批那些主張以科學方法來整理中國傳統舊文學的「整理國故」派之論調，他以為這是令人噴飯，荒謬絕倫的事。其認為中國文學的價值是很顯然的，李白的詩、辛稼軒的詞、馬致遠的曲、施耐庵的小說、曹雪芹的《紅樓夢》，這些文學家的文學地位和作品價值，都是十分顯明的。因此我們應該以超然的、客觀的態度來檢視它們，而非像那些極端的新文藝家們，只是一昧的蔑視舊文學；或那些感情用事的舊文學家，只要是中國文學，一定值得研究研究，不管它有無研究價值，基本上，雲翼以為這兩種態度均不可取。

問題是，中國舊文學有無研究價值呢？雲翼批評胡適說：「中國這二千年只有些死文學，只有些沒有價值的死文學，……白話才能產出有價值的文學。」雲翼承認文言確已死去，也是過去的陳物；但他對舊文學已完全沒有研究價值之說，卻大大不以為然。其以三點立論予以批駁之：

首先就文學的工具著眼：白話是文字，能產生活文學，這是可被承認的，也因此我們也主張白話文學，但決不能因此而武斷說文

言是死文字，不能產生活文學。因為文字的功用，在於表情達意，只要表情表得好，達意達得妙，不論用什麼文字，文言白話均算好文學作品。是以，時至今日，文言誠已是死文字，但那些古人曾經運用文言，而寫得十分靈活的文學作品，實與白話的好文學作品，同樣具有值得研究和欣賞的價值。

其次從文化的時代效用著眼：雲翼提到，一時代只用一時代的新的活文字，一時代只創造一時代的活文學。凡是文學史上的文字都是死文，凡是文學史上的文學都是死文學。然而文學史的研究，卻是必要的，我們決不能因為文字現在死了，而追上去否認舊有文學的一切價值。

最後從白話文學上著眼：中國文學史上，其實白話文學也不少，如許多的民歌俗諺都是白話詩，詩經三百篇，基本上是一部白話歌謠的總集。唐詩宋詞元曲和章回小說，也有甚多白話文學作品。據此而言，如果我們只承認白話文學是活文學、好文學，那麼中國文學史上有價值的文學作品還確實不少呢？

至於針對新文藝家以「模擬的」文學來批判舊文學，雲翼亦以詩經、楚辭均屬原創性作品予以反駁，尤其中國文學史上一些天才型作家，如李白、杜甫以及一些無名作家的「創造文學」，他們的作品大多內容充實，不拘於格律，作品幾乎都是趨於創造的，何來模擬與模仿呢？

在舊文學全面遭到污名化的二○年代中國文壇，雲翼最後不失客觀的以（1）、從文學的特徵；（2）、從文學內涵的要素；（3）、從史的研究上，三點理論來觀察舊文學。首先從文學的特徵言，雲翼以 Winchester 於《文學原理》一書提及時代精神、地方色彩、作者個性三點文學特色闡述。就時代精神說，雲翼一再強調，一時代有一時代的文學精神，以形成那一時代的文學。時代精神雖有大同，而細枝末節卻是很複雜龐異，文學並不是粗枝大葉地說明一時代的

　　精神，只是細枝末節地表現或反映一個時代的精神。因此，文學便有了時代的特異性，如兩漢的古典賦，六朝的新聲樂府等等，那一樁不是代表一個時代的精神。

　　而講到地方色彩，中國文學很多均有著濃厚的地方色彩，如楚辭便充滿南方的風土性；詩經則有濃郁的地方情調，〈國風〉中更展現地域上風俗語言習慣傳說之不同，而組成異調的國風文學。至於宋詞、元曲、明清小說，附著地方色彩更著，即無需贅言了。再就作者個性言，中國古代第一流作家的作品，都高度呈現自我的個性，如李白、陶淵明、蘇東坡輩，其作品均個人色彩濃烈。

　　總之，中國文學有它的時代精神，地方色彩與作家個性。換言之，中國文學是在時間軌跡上，繼續發揮它特有的民族性文學。雲翼不解道，我們憑何種立場去批評中國文學之研究呢？是時代不好？地域不好；還是個性不好？這些都不是文學的責任，也不是歷史的責任。須知，文學只要把「時」、「空」、「人」等真實地表現出來，這便是文學的責任，也是文學的價值。所以從文學的特色看，我們實在不能否認中國文學研究之價值。

　　再從文學內涵要素論，雲翼仍以 Winchester 於《文學原理》一書說到，文學形成四要素：情緒、想像、思想、形體來發揮。他承認中國舊文學確實有些作品，是有「文以載道」，把文學拿來做宣傳道德的工具。但一般作家創作文學，更多的還是基於「不得其平則鳴」的作品，除了那些制藝應酬作品以外。舉例言之，中國古代的大文學家，往往情溢乎辭，如孤懷憤俗的屈子，如悲天憫人的老杜，如陶淵明、李太白、李後主等等，他們的作品都是有血有肉的實體文藝，都符合 Winchester 的情緒、想像、思想、形體之標準，何能說他們的作品沒有內容而無生命呢？

　　最後從史的研究上闡述，雲翼說到即便我們退一步說，中國文學是文學史、文化史的一部分，但是，中國文學還是有其研究的價

值。基本上，大概研究文學，總不能離開文學史的研究，理由很簡單，一個時代的文學之所以成立，必不是孤立、偶然的，必有它的遠因近果，必有它的來源去路。照歷史演化的眼光看，文學自然也是演化的。演化的情形，大致可分衰落與興起，一時代文學的興起，必基於前代文學的衰落，反之亦然。此層層相因起落，絕非片段，乃為文學「縱的研究」。研究舊文學如此，研究新文學又何嘗不是，舊文學之被革除，並非偶然，自有其遠因近果；新文學之所以立，亦不是偶然，也自有它的醞釀趨勢，我們要研究這遠因近果與醞釀趨勢，自然只有上溯時代，作文學史的研究了。這種研究，不但有價值，也有其趣味。

雲翼非常感慨的說，現在一般神經過敏的新文學者，以為研究舊文學，便是提倡舊文學，便是在文學界倡導復辟主義，這實在是大錯特錯的誤解。「國家主義派」提倡研究舊文學的目標，其實是以「研究舊文學，創造新文學」為鵠的，因為研究舊文學，不僅無妨於新文學，且對新文學還有許多貢獻呢？它可以作研究現代文學，創造新文學的資料。所以從歷史文化的價值著眼，研究中國舊文學有何不可，且與創造新文學，根本毫不衝突違背。

綜觀雲翼這兩篇擲地有聲的論文，發表於 1925、26 年的《醒獅週報》上，推算其年紀，約二十歲出頭，還在武昌師範大學肄業中。然其結構嚴謹，邏輯清晰，立論分明，客觀公正，以理服人，很難想像是出於一位甫及弱冠的青年學子之文章。文章中不僅清楚地表明雲翼的國家主義之文藝觀，還更堅定的捍衛研究中國傳統舊文學的必要性。而雲翼畢生愛國抗日，投筆從戎；終生研究古典詩詞，且卓然有成，從其年少的這兩篇鴻文，不正是可以看出端倪嗎？尤其雲翼一生，雖然研究編撰不少著作，成果豐碩，然卻絕少提及自己的文學主張，經由這兩篇少作，正可為吾人提供，這位幾乎已遭遺忘作家──胡雲翼的國家主義文藝思想。

周旋國、共之間
——左舜生——

　　1946 年是中國政治史上極具關鍵性的一年，這一年先有「政治協商會議」的揭幕（1946 年 1 月 10 日於重慶召開至 1 月 31 日閉幕），試圖為解決國、共紛爭及戰後中國的諸多問題，尋一圓滿解決途徑；後有「制憲國民大會」的召開（原本於 1946 年 11 月 12 日在南京開幕，後因等待中共及「民盟」提出參加國大名單，延後三日，15 日始正式召集）。這兩項關係國家長治久安的政治工程，無庸置疑，國、共兩黨是決定戰後中國命運最重要的兩股政治勢力，但對於當時號稱「第三大黨」的中國青年黨，吾人仍不可輕忽。

　　青年黨在這兩項政治工程中所持之態度，始則與朝野黨派共同參與「政治協商會議」，研商戰後中國政治發展的佈局；終則「捨共取國」與國民黨及政府合作，參與「制憲國大」，順利完成《中華民國憲法》的制定，使我國正式邁入民主憲政國家之列。唯在「制憲國大」召開之前，因國、共兩黨互信基礎薄弱，雙方機關算盡各不相讓，不僅中共杯葛拒絕參加國大，內戰且有一觸即發之勢。

　　在人心望治，國內外殷切期盼和平之際，國府為顧全大局展現誠意，不僅將預期召開國大的日期延後三日，以待中共及「民盟」參加，之前且透過各種管道與中共溝通談判。期間以中國青年黨為首的「第三方面」人士，亦站在為國家人民的立場，在「制憲國大」召開前，與中共展開冗長的諮商討論。這當中，青年黨領袖左舜生

（以下簡稱左），以其在「民盟」中曾擔任秘書長的職務，親身參與和中共代表的周旋，其政治動向更為各方所矚目。

1946 年 1 月 10 日，國人企盼已久的政治協商會議終於召開，左並未參加，以左之政治份量，未參加「政協」一事，當時曾引起諸多揣測。其實據左在《近三十年見聞雜記》言：「國共會談的結果，依然發表了一個『會談紀錄』，此即後來『政治協商會議』之所由來。我因為覺得毛直接來談且談不好，再協商也無多大意義，因此對『政協』謝絕參加。」換言之，左之所以沒有參加「政協」，是其認為與中共談判成功不易，雙方若無誠意，交涉協商並無多大意義，所以在青年黨另有考量下，其與另一領袖李璜都未參加。

基本上，左在 1946 年的主要重頭戲，還是他以「第三方面」人士立場，周旋於國、共之間，為避免內戰促進和平，僕僕奔走於京滬道上，最後雖功敗垂成，然其苦心與努力仍值得肯定。左之所以對調和國、共相當熱心，原因在於避免內戰與維護民主這兩大認知上，為天下蒼生計，經過八年的抗日戰爭，百姓再也經不起內戰了；為戰後民主的落實，他也希望國、共兩黨能各讓一步，為建立國家的長治久安與民主政治，共同攜手合作。

當然左也知道，國、共兩黨積怨已深，要消除彼此疑懼，建立互信，並非易事。為此，他認為第三方面在國、共兩黨間，應該扮演舉足輕重的角色。原因係當時國、共兩黨，都在積極拉攏第三方面以壯大聲勢，所以第三方面更要扮演不偏不倚、中立客觀的角色才對。對第三方面角色的期許，左之前曾寄望於「民盟」，他說：「以我的理想，最好是除國共之外，能有一個像樣子的大黨產生，俾於國共兩黨之間，能發生一種制衡作用，對於防止該兩黨之各走極端，未嘗不可以有相當作用。當時的青年黨與民社黨之不足以勝此重任，是我所知道的，因此乃不能不寄期望於『民主同盟』。」惜

「民盟」最後自失立場，明顯地靠向共產黨，導致青年黨最終退出「民盟」。

對此，左曾感慨地說到：「民盟初起的時候人數不多，但它所負的使命卻相當重要，……原來這個組織是存在於一種微妙的關係上；它必須有一部分份子接近國民黨，可是不能完全袒國；也必須有部分份子接近共產黨，可是又不能完全袒共；它的中間性保存得愈多，其避免戰爭維持民主的可能性便愈大，一經偏到一面，其作用便等於零。這個道理，救國會的份子是不大懂的，青年黨也有部分人不甚了了，他們總覺得不站出來替共產黨或國民黨幫一手便不大舒服似的，可是一經這樣做了，獨立性便完全喪失，……它最初所期待可能發生的兩大功用——避免戰爭維護民主——可以說已經喪失淨盡了。」最後，左僅能以代表青年黨的第三方面人士立場，為避免內戰和維護民主，苦心孤詣的調解國、共衝突，現以時間為經，相關活動為緯，詳述此期間左之調停始末。

1946 年間，先有各黨參加的「政協」召開，最終並簽署了「政協決議」，一時間，和平曙光彷彿乍現。惜未幾，國、共開始互相攻訐，甚至兵戎相見。期間，雖有美國特使馬歇爾（George Catlett Marshall, 1880-1959）的費心調停，但效果似乎不彰，於是社會上開始有輿論將調停國、共問題的重任，寄望於第三方面的呼聲。10月初，馬歇爾對調停隱然有放棄之意，值此時刻，第三方面挑起調停之責，似乎已責無旁貸。是時青年黨及「民盟」若干代表，曾赴上海促請周恩來至南京，希望和談大門不要關閉。

關於此事，《周恩來年譜》曾有記載：「十月十日，接待黃炎培、沈鈞儒、張君勱、郭沫若、羅隆基、章伯鈞、陳啟天、左舜生、錢新之。他們提出無限期停攻張家口、召開政協綜合小組會等主張，表示為促成和平談判決於本月去南京，並希望周恩來返京。周恩來表示中共一貫主張和平，願與第三方面共同努力。」然隔天 10 月

11 日，國民黨軍隊卻旋即進佔張家口，並發出國民大會將於 11 月 12 日召開的聲明，此舉引發中共及部分第三方面人士的強烈不滿。而此時第三方面內部，對國、共兩黨態度，本身亦意見紛歧，且因第三方面的關鍵位置，亦成為國、共兩黨積極拉攏的對象。《周恩來年譜》即坦承，周恩來曾致電中共中央，強調「現在的中心環節是爭取第三方面，如能爭取到民盟全部或大部不參加『國大』，就是勝利。」

10 月 16 日，蔣介石對和談提出八點原則（1）依照今年（1946年）6 月間三人小組所擬定之恢復交通辦法，立即恢復交通。（2）在軍事調處執行部各執行小組及北平之執行部內雙方不能同意之爭執，依照本年 6 月間三人小組所擬定之辦法處理之。（3）關外之國軍與共軍暫駐現地，由三人小組應即依照所擬定之東北軍隊駐地，定期實施。（4）華北華中之國軍與共軍暫駐現地，以待三人小組協議商決國軍與共軍之駐地分配及整軍統編與縮編諸事宜，而達成全國軍隊統一之目的。（5）五人小組所成立之協議，應即交由「政協」綜合小組，獲得其協議。（6）關內之地方政權問題，由改組後之國府委員會解決之。關外之地方政權，凡沿長春鐵路之各縣市，應由中央先行執行。其餘各地方政權，亦由改組後之國府委員會解決之。（7）憲草審議委員會應即召開，商定憲法草案，送由政府提交國民大會作為討論之基礎。（8）在共產黨同意以上各案後，即下停止軍事衝突令，若下令之同時，共產黨應宣布參加國民大會，並提出其代表之名單等八項談判底線。

蔣的強硬立場，第三方面深知共產黨是不可能接受的，為怕和談破局，乃致電國民黨，請派代表向渠說明。10 月 17 日，國民黨代表吳鐵城、邵力子、雷震等到上海向第三方面說明，並希望第三方面能勸說周恩來回南京繼續談判。第三方面於是推出章伯鈞、羅隆基、黃炎培、張君勱、李璜、胡霖與左舜生，連夜向周恩來轉告

同國民黨代表會談的經過。在與周懇談中，第三方面希望國、共雙方先不談實質問題，而是先談談判程序問題。換言之，即是先停戰後談判，或先談判後停戰的問題。周恩來藉機指責國民黨的談判程序是先要談判後停戰，但共產黨對蔣所提出的八項條件無法接受。雖然國、共歧見甚深，10 月 18 日，左和所有關心和談的人士，還是主張第三方面應再努力，促成和談繼續協商。

於此同時，中共也提出（1）承認恢復 1 月 13 日國共雙方軍事位置為一切軍事商談的準則；（2）承認實行「政協」一切決議為一切政治商談的準則二點要求，以回應之前蔣所提之八項條件。檢視雙方各自所提「條件」，可謂南轅北轍毫無交集。由於國、共所提條件，雙方均不能接受。10 月 19 日，適逢中國民主社會黨在上海愚園路舉行茶會，招待國民黨、青年黨、共產黨和社會賢達各「政協」代表及主要人物。到者計有吳鐵城、邵力子、曾琦、李璜、陳啟天、余家菊、楊永浚、周謙沖、胡政之、周恩來、李維漢、陳家康、華崗、黃炎培、章伯鈞、郭沫若及左舜生諸氏。會中，國民黨代表認為要恢復 1 月 13 日時之位置已不可能，並暗批美國調處不公。

第三方面則提出折衷方案四點，希望彼此能接受。（1）實現和平；（2）全國軍隊各駐原防，一律停戰；（3）除三人小組外，組織軍事考察團協助停止衝突恢復交通；（4）召集「政協」綜合小組商決改組政府問題、國大問題，一致參加政府、國大。第三方面並希望周恩來同他們回到南京繼續談判，周恩來同意。茶會上，四黨代表先後發言，一致強調和平、民主、統一之必要，彼此握手交談，情緒至為愉快，實亦各黨派和談前最後之一次盛會也。

10 月 20 日，左與蔣勻田、黃炎培、沈鈞儒、羅隆基、李璜、胡霖、邵力子、吳鐵城諸人聚於張君勱寓所協商，決議力邀周恩來一齊赴京，繼續和談。翌日，左與第三方面的張君勱、黃炎培、沈

鈞儒、章伯鈞、羅隆基、李璜、曾琦、陳啟天、余家菊、胡政之、郭沫若等十三人，陪共產黨代表李維漢同機赴南京，準備繼續談判。王世杰和雷震在機場迎候，旋與蔣晤面。唯蔣似乎沒有誠意，只說一切交付孫科辦理，隨即飛往台灣。

10 月 22 日，第三方面出面，分別與國、共兩方洽談，同時左亦與張君勱訪晤孫科，希望能有進一步結果。23 日午後 3 時，第三方面人士再度齊集交通銀行樓上會議室研商對策，參加者計有左舜生、黃炎培、張君勱、莫德惠、沈鈞儒、梁漱溟、章伯鈞、羅隆基、李璜、陳啟天、繆雲台、曾琦、徐傅霖、錢新之、蔣勻田、楊永浚等。會中左與張君勱負責職務為商談「政協」憲草，消除不同之意見。會議開始，大家認為可能影響將來和談者，先行提出討論。左首先發言：「現在最有障礙於和談者，莫過於國大開會，已有定期。惟要求國大延期事，不可出於第三方面之口，只可使政府瞭解其為故障，而自行延期。」

而關於國府委員名額分配問題，左說：「國府、行政院、國民大會是主要的程序。十四名國府委員保證否決權的問題。如果國府委員會議時，民盟與中共堅持某一案應用否決權時，其事件必定關係重要，可以與青年黨成立一協定。在此場合，維持政協決議，三分之二才可以變更和平綱領的前提下，青年黨有其義務，只要一票或一票以上支持民盟，那便有實在的辦法了。」言下之意，針對國、共為關鍵一席的否決權之爭，左認為青年黨會「對事不對黨」，不一定全然支持國民黨，所以共產黨不必太在意、太緊張。是晚 6 時半，左與楊永浚、余家菊、陳啟天、李璜、曾琦、黃炎培、蔣勻田、梁漱溟、張君勱、莫德惠、章伯鈞、沈鈞儒、羅隆基等及國民黨的王世杰、雷震到孫科公館聚會協商。

24 日午後 3 時，第三方面人士又集會於交通銀行會議室，左對中共所提四項諾言問題，不置可否，未有具體表示。然會中仍推

左與張君勱、莫德惠三人，代表第三方面署名發出信函，催請蔣回京。25日，第三方面人士於交通銀行集會繼續進行，出席者有左舜生、黃炎培、梁漱溟、張君勱、余家菊、曾琦、陳啟天、羅隆基、李璜、繆雲台、蔣勻田、章伯鈞、沈鈞儒、郭沫若、莫德惠、徐傅霖等十六人。會中，左報告日前會見孫科之情形，並說孫氏言及蔣特別注意東北駐軍的解決，對於憲法，倒容易商量。

　　但周恩來在得知國軍佔領安東後氣憤地說：「不談了，我們要回延安了，共產黨是不怕壓的。」第三方面代表梁漱溟、羅隆基、章伯鈞、黃炎培等竭力勸留周，並表示第三方面今後將和共產黨加強合作，如有重要主張和行動，必先同共產黨協商，並徵得同意。第三方面之分裂與自失立場，此際已然伏下。26日，左晤王世杰，報告第三方面探詢對時局意見，唯王世杰仍本於八項原則答覆問題，王並主張第三方面宜速行拿出辦法，如果拖延局面恐怕很快破裂。並希望將前日第三方面所擬的三條辦法研究定稿，以完成第三方面之責任。

　　27日，由於離政府公布11月12日召開國大的時間已近，第三方面人士急謀迅速解決紛爭，乃加緊會商。上午10時，左主張要想個辦法，勸說兩方即日停戰。下午3時，左等到孫科公館，國民黨代表有王世杰、陳布雷、吳鐵城、雷震等。左言：「我們本來希望趕快辦到停戰，而使調停工作，告一段落；但現在因安東問題，而發生困難。如此演變，即使在政府改組以後，仍有許多問題待決。希望大家把事情放長看，不可專看一時之事。」時第三方面黃炎培頗有倦勤之意，左還勸慰說：「我們要先有一個方案拿出來，對將來的歷史作交代，才能說走。」職是之故，是日下午8時，第三方面推左與張君勱、繆雲台三人見中共代表；旋又推左和張君勱、莫德惠、黃炎培四位見政府代表。

　　28 日上午 10 時，第三方面代表黃炎培、張君勱、余家菊、陳啟天、梁漱溟、李璜、章伯鈞、羅隆基、莫德惠、繆雲台及左舜生等十一人，如約集會於交通銀行會議室，討論竟日，終獲一初步建議，該建議言：「和平是中央政府一貫的目標，休戰一直是政府的願望。我們憫於人民的苦難，認為應求迅速解決。因此建議三點，希望雙方獲致諒解，并急速停戰。」

　　（1）雙方立刻頒發停火令，部隊各駐留於現防陣地。停戰及恢復交通的辦法將由三人會議經由軍事調處執行部及其執行小組實施之。雙方部隊將根據前此之協定加以整編。部隊之分配則由三人會議處理之（共軍在滿州之駐地，齊齊哈爾、北安、佳木斯應事先予以確定）。（2）全國地方政府根據〈政協決議〉及〈和平建國綱領〉，由改組後之國府委員會加以處理。凡有關軍事民事之糾紛，應急速分別處理之。但沿中長路除政府所已佔有之縣以外，政府應派鐵路警察，加以接收。（3）根據〈政協決議〉和已通過之程序，應召開政協綜合小組會議，以籌劃改組政府。此時一切黨派均將加入政府，並討論召開國民大會問題。俾使各黨派均能參加國民大會的會議，同時應召開憲草審議委員會，以完成憲法的修改工作。

　　此建議接著由梁漱溟再予以精簡為（1）全國軍隊一律就地停戰；（2）在東北中共軍隊僅駐齊齊哈爾、北安、佳木斯；（3）沿長春鐵路各縣政權除中共已接收者外，應由國民黨派縣長和警察接收。並將此方案複寫三份，分送馬歇爾、孫科和周恩來。第三方面的建議為國民黨所接受，唯當梁漱溟、李璜、莫德惠將此方案拿到梅園新村向周說明時，卻遭到中共的嚴辭拒絕，周且像演戲般的臉色驟變，用手制止說：「不用再往下講了，我的心都碎了。怎麼國民黨壓迫我們不算，你們第三方面亦一同壓迫我們？」、「蔣介石要把我們打倒在地下，你們還要踩上一腳」。周的突然之

舉，令梁漱溟等大感錯愕，急忙與章伯鈞、黃炎培、羅隆基等商議，大家一致將已送出的方案追回。

29 日，左以中共蠻橫，政府亦不退讓，而「民盟」又失公正立場後，立刻聲明青年黨退出「民盟」，不再參加調停和談會議，且考慮參加國民大會。後在第三方面一再勸慰下，方答應再勉力為之。11 月 6 日，左與李璜、莫德惠赴張嘉璈約，交換對國、共和談與國大問題意見。其後，左又與莫德惠、張君勱、羅隆基、沈鈞儒等第三方面人士集會商討和談對策，左言：「國大看樣子非開不可，絕不會延期。國大一開，則政府軍一定攻打延安。」羅隆基不耐起而反駁，雙方火藥味十足。

左接著說：「最後五天，一定要辦到雙方可能商談之基礎，庶幾國大開會而不開議，俾可繼續商談。」席間，沈鈞儒說：「若想談和，國民黨要有商談之誠意。」左不以為然的說：「雙方都要有誠意。」總之，「在此五天之內，定要弄清兩方所索之真價錢，且須具體明白。一過十一月十二日，國大開幕，就要正式武打了。」為此，左於是晚邀晤周恩來，作最後之努力。周說：「政府已決心國大如期召開，國大開成，政府軍必即進攻延安。我們必放棄延安，改變戰略，進行全面抗戰。現在第三方面熱心調停，我們對任何方式之和談，都願參加。」

11 月 7 日，距未更改的國大會期僅五天了，第三方面內部已有明顯的分歧，唯尚不願放棄歷史責任，仍集會於交通銀行會議室，不過出席人數已形寥落，僅莫德惠、張君勱、張申府、沈鈞儒、李璜、蔣勻田及左舜生七人。左表示「倘中共願談，國大開會而不開議，時間還來得及。但萬一政府不答應和中共談，則前景恐怕黯淡。」是晚 6 時，左同張君勱、羅隆基、張申府、沈鈞儒、莫德惠、繆雲台、胡政之、蔣勻田、李璜等十人，再度約晤周恩

來、鄧穎超，李維漢亦來，席上，左與周恩來之間為覆信問題，有所爭執頗為不快。

11 月 9 日，政府代表在孫科官邸宴客，邀請第三方面人士。當天上午 10 時，第三方面召開臨時會議，欲作最後的努力，出席者有張君勱、羅隆基、張申府、胡政之、莫德惠、繆雲台、李璜、陳啟天、蔣勻田及左舜生等十人。孫科宴請各黨派「政協」代表，司徒大使亦在座，餐後舉行非正式綜合會談。左言：「此次停戰令，就等於政協一筆勾消，然前途波折尚多，照這樣演變，六個月後普選，我們很難有結果。」是晚，第三方面再推左與羅隆基、繆雲台往見周恩來，左言見周時，當問他三個問題：（1）、估計三人小組，何時可以開完；（2）、軍事要配合政治，他該知如何平衡；（3）、勸他不要再發表刺激性的聲明。

10 日上午 11 時，第三方面再次集會於交通銀行會議室，出席者有莫德惠、繆雲台、胡政之、張君勱、羅隆基、李璜、張申府、陳啟天、曾琦、蔣勻田及左舜生等。莫德惠以主持會議的身份，請與會代表分別報告到中共及司徒大使兩方談話的情形。左言：「應使國、共兩方了解我們的目的，在求解決問題，同時我們首先也要知道他們是否還有誠心的談和。」

11 日上午 11 時，第三方面最後一次調停會議，出席者有錢新之、莫德惠、繆雲台、胡政之、曾琦、李璜、陳啟天、張君勱、張申府、章伯鈞、沈鈞儒、羅隆基、蔣勻田及左舜生等。席間，章伯鈞指責左說：「左先生不是說過國民黨不讓中共參加行政院嗎？目的即在讓弱小者參加，不讓有力者參加。名為各黨聯合政府，實仍一黨握權，用心之險，可想而知。民主同盟絕不參加片面召開的國大，也不再參加這樣的調停會議。」左對「民盟」的自失立場與偏袒共產黨態度亦不以為然的反駁道：「伯鈞，共產黨不能有百是而無一非；國民黨也不能有百非而無一是呀！停戰令不是下了嗎？延

36

期的時間雖短，總算延了。既是你們不願再作調停人，任何人也不能勉強。我們青年黨即作聲明，也不再參與調停人的會議。同時政府既接受我們的意見，延期三日，我們也不能不考慮參加延期後的國大。」第三方面終告不歡而散。

13 日，左與蔣晤談，蔣向左保證，憲法會為國大所接受。14日，左最後一次參加第三方面集會，會議結果是雙方分道揚鑣，青年黨、民社黨參加國大，而「民盟」則是跟著共產黨走。當天唇槍舌劍情形，當事人之一的羅隆基，日後有一段精彩的追述，羅說：「轉瞬，國大延期的三天又要滿期了。十一月十四日在南京交通銀行的會議室裡，所謂的第三方面的代表演出了最後攤牌的一幕。那天開會時，民盟只到了黃炎培、章伯鈞和我三個人。其他方面的代表差不多都來了。主持人問大家，關於和談還有什麼下一步的做法嗎？大家相視而笑。只有一兩個冷冰冰、低沉沉的聲音說：『只好開了國民大會再說了嘞！』於是主持人就說：『是不是大家對參加或不參加國民大會，來表示一下態度呢？』第一個發言的仍然是青年黨的左舜生。他照他的習慣，拍著胸膛，提高著嗓子說：『我們青年黨參加，我自己也參加。話也真簡單爽快，不說半句理由，也不帶半分遲疑。』」

其實左之所以堅持青年黨參加制憲國大，是有其理由及苦心，不是羅隆基所言的「不說半句理由」。李璜曾說：「舜生彼時是決定以孤注一擲的心情來與國民黨合作的。因他認為共產黨既以我們參加制憲為罪大惡極，則國民黨如打不贏共產黨而失敗，我們即使不參加政府，也是一樣的罪在不赦，與國民黨同歸於盡。何況國民黨這回要求與青民兩黨平等合作，三黨共同決定施政方針，一半固為共產黨所逼成，一半也由馬歇爾臨行所說：『盼望蔣先生能在改組政府中使自由分子得著權力，能有政治的控制力，俾實現良好政

府。』因是青民兩黨參加政府之後，如有成績，能得美國繼續援助，共產黨雖比國民黨厲害，也未見得便一下就把對手方消滅得了的。」

第三方面和談破裂後，是晚，左與曾琦、李璜至南京謁蔣，談青年黨參加國大代表名單事。15 日，制憲國民大會正式揭幕，先生代表青年黨發表談話，嚴申參加制憲國大之理由與立場，在預備會議中，先生當選為大會主席團主席。16 日，左代表青年黨，提出參加國大代表名單，並在調解失敗後，以青年黨中央宣傳部長身分發表談話如下：

「自上月二十一日，第三方面人士承政府邀約，聯袂來京，經過二十餘日之奔波商談，其間不少可歌可泣之事實，對問題癥結之所在，雖大體明瞭，但政府與中共之間仍有若干意見無法接近，即第三方面之本身之所見，亦不無出入，延至本月十一日夜間八時，即國大原定開幕之前夕，仍無法獲得一致之決議，本黨及若干社會賢達始決定表示可以提名，但仍希望政府將開會日期延遲數日，以作最後之努力，此即國大開幕日期延緩三日之由來。不幸在此最後之三天，民盟既作暫不參加之決議，中共力主停開，吾人為促成民主憲政之實施，並與若干社會賢達表示一致之行動，更不願引起全國日陷水深火熱之人民，發生過度失望之感，始將本黨代表名單，毅然提出。溯自數年以來，吾人對全國團結之工作亦曾奔走調停，不遺餘力，其所懷抱之目的：一為爭取和平；二為促成統一；三為實現民主！此不僅朝野各方絕無異詞，即全國人民亦莫不對此殷殷期待，所不同者，有人認為參加國大，足以破壞和平，吾人則認停戰既已實行，惟有一致參加國大，和平始有繼續維持之希望，有人認為參加國大足以招致分裂，吾人則認為分裂本為數年來已成之事實，惟有一致參加國大，始有促進全國統一之可能，有人認為參加國大，足以妨害民主，吾人則認為惟有將政協改訂之憲草在本屆國大通過，獲得舉國一致之支持，民主始能獲得一有力之保障，凡此

若干主要目的之完成，實為本黨創黨以來基本立場之所在，至國大召集日期之如何決定，國府將行政院改組於國大開幕以前或稍遲數日，雖亦與政協決議有關。然比較前所列舉之大者遠者，則尚屬次要，敢以此意，昭告國人，見仁見智，一切惟有訴諸當代賢豪及後世史家之公斷。」

11 月 29 日，左主持制憲國民大會第四次會議，會議主題為出席代表對憲法草案廣泛發表意見。30 日，國民大會開會期間，「政協」會議「憲草審議會」召集人孫科邀左與王寵惠、張君勱、陳啟天、王雲五、繆雲台；及專家吳經熊、林彬、秘書長雷震集議，對憲草修正案訂正稿重行審議修正。12 月 12 日，左在中央宣傳部中外記者招待會上表示，在國民大會制定中的憲法，雖然有些缺點，但仍願意接受。因為「欲求憲法每一條每一字均令人滿意，實為不可能之事。」蕭公權謂先生此舉，為明情達理，具有政治家風度的一個看法。12 月 19 日，青年黨由左代表，發表談話聲稱「政協原則多被推翻，憲草如不照原案通過，青年黨將退出國大」，蔣為拉住青年黨，不得已在憲法上作出相當大的讓步。

綜觀左在 1946 年，周旋於國、共之間的那段談判經緯，無疑可說是一部《中華民國憲法》艱辛制定，得來不易的過程。抗戰勝利後，民心望治，人民渴盼結束訓政實施憲政，故「制憲國大」的召集，已成刻不容緩之事。過去爭執最烈的舊代表身份問題，既經中共及其他黨派在「政協」中取得一致的協議，則國大的召開已不成問題，不料中共想以國大的召集來交換軍事和地方政權的擴張，以致談判一再拖延，反覆了幾次仍不能解決。1946 年 7 月 4 日，國府重新下令，定於 11 月 12 日在南京召集制憲國大後，國、共對此問題的僵持愈趨惡化。

而青年黨及左在此時期，仍多方溝通國、共間的歧見，希望大局可以好轉。迄於 11 月 12 日的前夕，青年黨與左仍聯合民社黨、

「民盟」和社會賢達共同勸告政府再行延期三日，以待中共的最後決定。直到 11 月 15 日，中共與「民盟」拒絕參加國大，已成無可挽回的事實後，左和青年黨為提早結束訓政，實施憲政起見，乃毅然提出一百名代表名單，決定出席國大。青年黨及左的參加「制憲國大」，曾遭到中共和「民盟」的撻伐，說「青年黨單獨向蔣介石國民黨提出了青年黨參加『國大』代表名單。青年黨公開投入了蔣介石國民黨的政治懷抱。它與另一個小黨派中國民主社會黨一起充當了蔣介石國民黨踐踏民主和進行反共內戰的御用工具。」

平情而言，此種評論是不客觀，也是不公正的，茲舉一向立場比較不親國民黨的民社黨主席張君勱為例，來說明一切。在制憲國大開幕日益迫近之際，張曾奔走各方，力圖使國大延期，「以便騰出時間，促成蔣主席與毛澤東先生會談，求得圓滿結果。」張並建議第三方面聯名給國民黨「政協」代表寫信，說明「國民大會如能延期，且按照政協程序改組政府，並由改組後的政府主持開會，第三方面就可以提出名單，保證出席；如談不好，大家不參加分裂的國大。」為此，張遂成一信，請大家共同簽名，準備送予國民黨方面的「政協」代表。

此事，張申府、章伯鈞與沈鈞儒在簽名後告知周恩來，周不贊成，張申府等便轉回把簽名信中三人的名字塗掉；並說明因中共不同意這一舉動，所以他們三人將名字塗去。張君勱對張、章、沈此舉非常氣憤說：「我真不瞭解，他們是什麼作法……既不贊成，頂好不簽名，簽名後，認為不妥，又去塗了，也還無甚大問題，一定要在大家面前，表示這是奉命而行，這算什麼？真是把第三方面人士的臉上，弄得太過不去。……以後民社黨不得不自由活動了」。後來張與「民盟」中委范樸齋談話時，仍氣憤未消的責備中共太難處與第三方面若干人太不顧自己的格。

　　由張君勱對中共及「民盟」中人的滋生不滿，可知其實「第三方面」人士，尤其是青年黨和民社黨，在參加「制憲國大」的態度及立場上，是有相當的獨立性與自主性。不僅如此，以往中共攻擊「制憲國大」之口實，每每說是國民黨徹底撕毀「政協」決議及一黨包辦。然揆諸「制憲國大」召開之前，中共的別具用心，百般刁難，既使國民黨多所忍耐讓步，「第三方面」人士的風塵僕僕，殫精竭慮的奔走幹旋，最後仍歸失敗。由左舜生當年周旋國、共經過看來，不僅可藉此知先生的政治立場及觀念；再則亦可從中洞察彼時之政治背景和現象。更重要的是，吾人或可由左及「第三方面」人士的角度切入，對國、共雙方各持其是的這一段史實，提供另一個較客觀公正的視野和平實的佐證，我想這是頗富歷史意義的。

湖北才子

——余家菊——

　　余家菊先生是位集思想家、教育哲學家與政治運動領袖於一身的學者，惜因其隸屬青年黨關係，在海峽兩岸已堙沒不彰且漸被遺忘。其實此公來頭不小，他曾是留英的高材生，執教於包括北大在內的中國高等名校；如丁文江般，曾效命於軍閥孫傳芳，也被毛澤東指名「不受歡迎人物」而拒絕接見。其哲嗣余傳韜娶國民黨第二號人物陳誠的女兒陳幸為妻，故與陳誠係屬姻親關係。但他又是青年黨的七位「老大哥」之一，與曾琦、左舜生、李璜、陳啟天、何魯之、常燕生齊名。他是早期「少中」的會員，其一生曾遭國民黨通緝過、被共產黨批判過、讓青年黨分裂過，晚年在台眼盲，猶孜孜不倦於儒家研究，宣揚人類道德和愛的本性，著作等身，被蔣介石譽為「國寶」而禮遇之。

　　余家菊（1898-1976），字景陶，又字子淵，黨號賓星。湖北黃陂祁家灣人。生於清光緒24年（1898）3月19日，卒於1976年，享年79歲。家菊6歲喪母，7歲啟蒙，在家塾讀書六年，受教於黃祺庵先生，遍讀《三字經》、《四書》、《詩經》等古典經籍，由於塾師管教甚嚴，頗受其影響。宣統2年（1910）家菊13歲時，始入縣立道明高等小學，接受新式教育。時堂長雷尊吾為鄉里名儒，每逢孔子誕辰，則整冠束帶，率全校師生跪拜，以示尊師重道，此舉對家菊以後一生尊崇服膺儒學，深具啟發性。該校

學風純樸，注重軍事訓練，家菊後來的關心時事及愛國、抗日、反共等行動，即於此時埋下因子。

1912 年，家菊就學武昌，入文華書院肄業。是年秋，考入新設之私立武昌中華大學就讀，由預科而本科。1915 年與同學喻壽民赴上海投考北洋大學法科，不第而返。1918 年畢業於武昌中華大學中國哲學系，對傳統經學、先秦諸子、魏晉玄學、隋唐佛學、宋明理學、清代樸學等均研究有得。同學中有惲代英、梁紹文等人，皆一時之選。在中華大學肄業期間，對家菊思想影響最深之人有二，一為英文教授鄒昌熾博士；二為學長「姚江學派」大師劉文卿（鳳章）先生。

鳳章一生提倡王學甚力，家菊年少時代的活潑進取，敢於行其所知，多少受了王學的薰陶。家菊在大學期間，尚兼任漢口民新小學教員三年，與同學任啟珊同負校務責任。1917 年秋，中華大學附設中學部，主任惲代英聘家菊為監學並兼教職，同事中尚有陳啟天、熊國英諸人。此時家菊不僅身為教師，且與惲代英等人致力於湖北的新文化運動，不及兩年，使中華大學成為武漢新文化運動的重鎮，然也因此而不見容於守舊派，最後辭職他去。

1918 年 5 月，留日學生為反對「中日軍事協定」罷學歸國，並組織「留日學生救國團」，創刊《救國日報》。6 月底，留日學生曾琦、張夢九、雷眉生等約同王光祈、周太玄、陳愚生商議發起「少年中國學會」（以下簡稱「少中」）。次月，李大釗亦加入為發起人，約定「不請謁當道，不依附官僚，不利用已成勢力，不寄望過去人物」為學會旨趣。「少中」於 1919 年 7 月 1 日正式成立，以「本科學之精神，為社會之活動，以創造少年中國」為宗旨。是年秋，王光祈由北京到武漢，為「少中」吸收會員，經其介紹，家菊與陳啟天、惲代英、梁紹文等四人加入為會員。於此同時，家菊亦與惲代英創立「利群書社」，為流通新書報而服務。

　　由於「少中」會員均為海內一時俊彥，互相切磋砥礪，使家菊深得益友之樂。暇時家菊亦開始嘗試寫作，曾在《教育改進》上發表〈鄉村教育之危機〉一文，為談鄉村教育者所必稱述的文字。後又於《少年世界》月刊發表〈教科書革命〉，亦是從實際研究所獲得之結論性文字，切中時弊，對當時教育界提出針砭建議。

　　1920 年 2 月，家菊深感學有未逮知識空虛，決計再行深造，乃入北京高等師範學堂教育研究科第一班攻讀。時美國哲學家兼教育家杜威（John Dewey）博士來華講學，且任「北大」與「北高師」教席。隔年，英國哲學家羅素（Bertrand Russel）亦來華講學，在哲學上主張「新實在論」，在政治上極端重視個人。兩氏之哲學思想，大體與我國儒家思想相通，頗受當時學人所重視，其影響我國學術界、教育界殊鉅。是故家菊乃將羅素所著《社會改造原理》；及重視精神生活，力闢自然主義、唯物思想之德國哲學家倭伊鏗所著《人生意義與價值》二書翻譯問世，引起社會普遍注意，使學術思想界為之一新。

　　是年夏，家菊與友人組「教育雜誌社」，被推為總編輯。不久，北京學潮又起，家菊復被推為全校總代表之一，出席學生聯合會。然家菊以課業為重，不欲過問外事而堅辭。其間最愉快之事，莫如和「少中」友人常相往還，擴大交遊，每週集會討論學問。秋，與陳啟天同任長沙第一師範教師，後因學校經費短絀，教員紛紛離去，家菊不得已亦離開。

　　1921 年，家菊赴開封留學歐美預備學校教書，暑期返鄉，順便在湖北應留學考試初試，事畢仍回開封。8 月間，因初試已錄取，即赴北京覆試，考完遄返開封，不料發榜竟以第一名錄取。1922 年，入倫敦大學專攻教育學與心理學，對於外國名教授誠懇的態度，謹嚴的治學方法，樂於助人的精神，深感敬佩。

其中特別重要的是，他到了歐洲之後，親眼目睹到各國民性的差異，國民意識的發揚及弱小民族的困苦，與各國為維護國家利益所表現的劍拔弩張的形勢。這種情形迥異於他以往所懷的大同和平理想，心中猛然驚覺，欲中國強盛自保，國民必須恢復自尊心，黨派之爭亦必須無損於國家；他決心喚醒國人，共同來挽救國家於危亡。基此念頭，家菊奮筆疾書，先是於 1922 年反教運動中期，發表〈基督教與感情生活〉一長文，為反教運動中最具理性主義的批判。後來又撰寫〈民族性的教育〉等一連串有關發揚國民精神、鼓勵國家意識的文章，均發表於國內的《中華教育界》。基本上，家菊主張教育應由本國人自辦，宗教應與教育分離，防止外國人藉在中國辦學而培植親外人才。1923 年 10 月，他把這些文章與「少中」同人李璜的幾篇同類性質的文章匯集起來，名曰《國家主義的教育》，交由上海中華書局出版。

此書主張國家主義的教育，並提出「收回教育權」口號，甫一問世，立即引起學術界的重視與知識分子的共鳴。於是國家主義的思潮在國內如怒濤般的澎湃起來，但是連帶的也引起共產黨人的恐慌，同窗好友惲代英特別寫了一封萬言書相責難。惲代英主張中國問題是國際問題的一環，必須靠國際的力量去求得解決，要中國人救中國，無異讓侵略者延長其支配時間，這是國際主義與國家主義的基本分歧點，也是中國現代政治的關鍵所在。不過家菊此時對實際政治並不感興趣，1923 年 12 月 2 日，中國青年黨創立於巴黎，揭櫫國家主義，以反共救國為職志。但當他在巴黎與曾琦等人談到組黨問題時，仍表示他僅願意站在國家利益上作超黨派的努力。該年秋，家菊轉愛丁堡大學研習哲學。

1924 年夏，家菊應武昌高等師範學堂校長張繼煦邀，回國執教並任教育哲學系主任。7 月「中華教育改進社」在南京開年會，家菊與陳啟天等十餘人共同提出「收回教育權」案，與反對派爭辯

兩日，始得通過。是年 10 月雙十節，曾琦、李璜、張夢九、左舜生等邀家菊在上海發起《醒獅週報》，該刊提出「內除國賊，外抗強權」、「內求統一，外求獨立」之主張，甚為世人注目。家菊為此週報特闢〈教育副刊〉專欄，並自兼編輯，由於內容豐富，頗受青年學生歡迎。

1925 年，因與武昌師範大學校長石瑛意見相左，乃辭教職，應上海中華書局總經理陸費逵聘，主持部分業務。是年夏，「少中」會友集會南京，會中共產主義與國家主義之爭已達最後決裂階段。會後，回到上海，在「醒獅社」諸友左舜生、陳啟天等人的堅邀敦勸下，於該年底正式參加中國青年黨，唯有兩點聲明為先決條件：（1）除有關政治者外，他的思想和言論不受黨的支配；（2）黨如對他單獨有所命令，必須事先取得他的同意。

以後他即秉此二原則，奔走南北從事愛國、反共、反日的活動，由是黃季剛曾評其為「為人誠實，黨德無虧」之人。是年 7 月，家菊與左舜生、舒新城、陳啟天、李璜等人發起「國家教育協會」，作為鼓吹收回教育權的機關，家菊並任第一屆會務委員。此外，家菊仍手不停筆的譯述撰文，《國家主義教育學》與《教育原理》二書即於是年出版。同年秋，應東南大學聘，至該校執教。

1926 年上半年，續在東大教書，一面吸收黨員如程崇道、耿如冰、周天沖、戴天人、崔秉鈞、林時懋、史澤之、金海觀、盛中謙、成志達、潘再中等人；另方面編有〈訓育論〉講稿。是年夏，約前「少中」同人舒新城等人，著手編纂《中國教育辭典》。時軍閥孫傳芳為北伐軍所敗，為重振聲勢起見，乃採幕僚意見，欲模倣黃埔軍校行政治教育之法，特別開辦「金陵軍官學校」，洽請國家主義派主持。透過曾琦的安排，即由家菊與陳啟天、王慎盧、成志達、解仲蓀、羅邦澤、齊冰池等「中青」黨人分別擔任教官，家菊且兼政學部主任。他講的是國家學及軍人修身，完全是一種精神訓話。

　　是年 7 月，「中青」在上海召開第一次全國代表大會，來自海內外代表三十餘人出席，會中推曾琦為委員長，並選家菊、陳啟天、張子柱、李璜等七人為中央執行委員，家菊兼組織部主任。8 月，丁父憂，連夜返鄉奔喪，時值國民革命軍北伐，至武漢，國民黨方面以其為國家主義分子，「收受英鎊，倡言反赤」，宣布其罪狀擬行搜捕，家菊無奈旋即潛返南京。1927 年，金陵軍校北撤，家菊隨學校由南京而揚州、清江浦、海州、青島、濟南、蘆臺、灤州，1928 年抵達奉天的新立屯。一路上備嘗艱辛，但講學精神不輟，曾於濟南莘莊主講國家主義，常切磋的友朋有陳啟天、成志達、王衍康、于復先、解仲蓀、汪朗園等人。

　　是年秋，抵瀋陽，時金陵軍官學校併入東北講武堂，家菊在該校講授教育學，並負責山東及東北一帶「中青」黨務的拓展工作。「皇姑屯事件」後，深感東北大難將臨，更耽心東北不能成為中國的普魯士，反倒成為遠東的巴爾幹。最初他為東三省《民報》主編副刊，後又到馮庸大學教國文。1929 年 2、3 月間，因感到中國領袖人才之缺乏，且國內服從領導的風氣也未養成，遂草《領袖學》一書以示國人。此書採科學之立場，作客觀的分析，雖曾引起波瀾，但卻流行甚廣，滬、穗、蓉諸大城均有人翻印。

　　同年秋，由於張學良宣布收回中東路權，蘇俄與我絕交並出兵進犯東北邊境。時家菊正在「馮大」教書，為了解前線的真實情況，乃偕同教授學生五、六十人前往戰地觀察。9 月初出發，一路上經長春、哈爾濱、齊齊哈爾、扎賚諾爾到滿洲里，對俄帝拓殖政策深感耽憂與震驚。是年底，家菊回京，因黨事牽累，被捕繫獄。旋得段祺瑞斡旋獲釋，由是家菊守正不阿、不屈不撓之精神，愈受人敬重。

　　1930 年秋，家菊應邱大年邀，至北師大及北大教書，編有《鄉村教育通論》講稿，同時又翻譯《教育社會哲學》及《教育哲學史》

二書。1931 年春，適有「《華北日報》事件」發生，家菊遭人密告而解職。又是年秋，「9‧18 事變」發生，全國震動。學潮、政潮紛至沓來，家菊主張「政黨休戰」一致對外，唯言者諄諄，聽者藐藐，並未受到重視。1932 年夏，至上海任《申江日報》社長，旋該報不久停刊。為了生活乃又與中華書局訂約編書，《道德學》（杜威原著）、《簡易國文法》、《兩性教育與青年》即係此時之作品。同年，國民政府召集「國難會議」於洛陽，邀家菊、曾琦、李璜、左舜生、陳啟天等九人參加，嗣以「中青」要求取消黨治被拒，而拒絕參加。

　　1934 年冬，回武昌省親，謝絕應酬閉門讀書努力寫作，其名著《孔子教育學說》、《孟子教育學說》、《荀子教育學說》、《陸象山教育學說》等書，即於此時次第出版。時何成濬主鄂，堅邀入幕，不時獻替，研究剿共方略。1935 年，家菊繼汪奠基後，出任中國大學哲學系主任。秋，《國論月刊》在上海發刊，家菊經常有稿件供應，類皆經世之作，其中〈論國力之淵源〉更是心血結晶。1936 年春，應邀赴南京謁見蔣介石，貢獻意見深受嘉許。

　　1937 年盧溝橋變起，全面抗戰爆發，年底政府遷都重慶，然實際的政治軍事中心則在武漢。家菊時任湖北省政府公報室主任及湖北通志館館長。1938 年 7 月，第一屆「國民參政會」在漢口揭幕，家菊與曾琦、李璜、左舜生、常燕生、陳啟天等人，代表青年黨受聘為參政員。8 月 20 日，青年黨在武漢召開第九次全國代表大會，改組執行委員會，曾琦任委員長，家菊與左舜生、李璜、陳啟天等為委員。

　　武漢陷日後，家菊舉家避難重慶，述《人生對話》以發揮儒家的盡己主義。是年秋，《新中國日報》在成都復刊，專司社論寫作，對於鼓舞民心士氣，宣揚抗戰國策不遺餘力。1939 年，家菊撰《教育與人生》一書，此書是以中國文化的立場，來闡揚其獨立體系的

教育創作，也是家菊有關教育方面創見的最後一本著述。4 月，與曾琦、李璜參加國民參政會「川康建設視察團」，赴川、康各地視察實況，將視察情形作成報告，並擬具〈川康建設具體意見書〉，尤以注重吏治、兵役、治安及民生等四大問題，督促政府推進川、康建設，以增強抗戰建國之力量。

10 月，與曾琦、李璜、左舜生等為推行抗戰期間的民主憲政運動，在重慶成立「統一建國同志會」，網羅國民參政會中的各小黨派和無黨派人士參政員參加，此組織可謂「民盟」的前身，對抗戰中推進民主運動影響不小。1940 年元月，家菊與國民黨李元鼎、國社黨梁實秋等人，組織國民參政會「華北慰勞視察團」，前往中條山慰問前線官兵；後又至洛陽、鄭州、南陽等地，慰問駐軍。該團除調查華北糾紛事件外，對各戰區軍民合作情形、河南游擊區情況等，皆作詳細視察，並於返回重慶後，向政府提出許多意見。

又本年《國論半月刊》在成都復刊，家菊本其深思所得，寫了許多探討根本問題的文章，如〈良知與信仰〉、〈個己與國家〉、〈法治與革命〉、〈論中庸主義〉等，均是極有價值的重要論文。此外在《新中國日報》及《民憲半月刊》上的文字，除比較有系統的〈孔學漫談〉外，其他如〈效率論〉、〈正名論〉、〈史教論〉、〈自由論〉等，都是其嘔心傑作。

1945 年 7 月，國民參政會召開第四屆第一次大會，家菊以抗戰已近尾聲，但政府卻越來越有集權傾向，不復有抗戰初期國民參政會的開明作風。因此乃與左舜生、何魯之、陳啟天、常燕生等人提出〈請先實現民主措施從緩召集國民大會以促團結統一而利抗戰建國案〉。要求政府「必須先實現民主措施，協調全國意見，始可再行定期召集國民大會。否則，不僅於國事無益，且可能造成不必要之糾紛。甚至促成分裂，引起內戰，而影響八年抗戰以來全國軍民艱苦奮鬥所獲得之成果。」

　　8月，抗戰勝利後，11月「中青」在重慶召開全國代表大會，家菊被選為中常委兼訓練部長。1946年元月，復與曾琦、陳啟天、常燕生、楊永浚等人，代表青年黨參加「政治協商會議」，會後家菊至漢口，主辦武漢黨務訓練班，調訓武漢三鎮幹部近百人，時間雖短，但對於戰後湖北黨務的整理和發展影響不小。是年底，家菊返滬與何魯之、黃欣周、紀彭年、吳天墀、余文豪等人辦「中國人文研究所」，並撰《五十回憶錄》以交待平生行誼。該年冬，家菊被遴選為制憲國民大會代表。

　　1947年4月，國民政府改組，經「中青」中常會推選出任國府委員。9月，青年黨在上海舉行第十一次全國代表大會，與左舜生、李璜等十八人同膺中央執行委員會常委。同年冬，當選為第一屆國民大會代表。1948年3月，行憲國民大會在南京開幕，當選為主席團之一。同年5月，行憲政府成立，受聘為總統府國策顧問。1948、49年間，徐蚌會戰失敗，大局急轉直下，家菊於重慶，在極度痛苦和反省下，撰成《中國人文檢論》一書加以檢討。同年冬，渝、蓉危急，輾轉來台，與國家共休戚，與政府共患難。

　　大陸淪陷，家菊深受刺激，反省之餘，以復興文化方是反共復國的不二法門，因此於1952年夏起，在台北與友朋組一「學術座談會」，每週集會一次，由家菊作專題講演，後集結十二次之演講紀錄，以《人類的尊嚴》為書名出版。1955年，家菊以眼疾赴美醫治，翌年返國。1958、59年間罹患重疾，身體由此衰弱。1961年，青年黨不幸又發生「臨全會」及其他情況之分裂，嗣經左舜生等多方協調，「中青」始於1969年7月在台北舉行第十二次全國代表大會，重行團結統一，家菊與左舜生、陳啟天、李璜、胡國偉等五人，被選為中央黨部五主席之一。

　　家菊國學根基深厚，以明體達用經世濟人為主；又精通英文，能將中外古今各家哲學融會貫通，歸納於儒家而自成風格，且認定

《四書》、《五經》為中國文化之根源，故 1966 年，蔣介石提倡中華文化復興運動時，家菊深表同感鼎力支持，以思想著述闡揚贊助不遺餘力。家菊晚年病目，閉門不出潛心著述，早年為反基督教健者，唯逝世前終皈依天主教，並於 1976 年 5 月 12 日下午 2 時病逝台北榮民總醫院，享年 79 歲。

家菊畢生著述豐富，不下數百萬言，其中最精華者，在於其對教育理論的闡述。他早年提出的教育理論深富孔門思想——即儒家思想，認為儒家思想主要是仁學。「仁是一種心意活動；仁的心意是真摯的心意，亦即真摯的實踐。心意須正直無私，以敬存心，以恕待人，不計私利，顛沛造次，不違於仁，含有愛的活動」。因此教育即為愛的活動之至高表現，它不僅要愛學生、愛個人，更要擴及到愛國家、愛民族。

所以家菊提倡教育建國的理論及國家主義的教育，是有感於1919 年以後，中國教育界一般偏重平民教育和職業教育，僅以解決個人生活為號召，發揮個人主義，並且受到國際主義的影響，沒有一點國家民族意識，他甚以為憂。因此他在〈教育建國發微〉一文中主張：（1）教育的功用：應培養國民有公共的志趣，無黨派的齟齬。（2）教育的時間性：應合於時代的需要。（3）教育的空間性：要合於當地的需要。（4）教育的歷史性：應合於民族的需要。這些主張與政府以後的教育政策和理念頗多契合，甚多已付諸實踐，足見家菊之教育理念，有其遠見和前瞻性。

此外，家菊的另一主張為〈自由說〉。「自由云者，即任人為其良知所示以自決行為也，亦即聽人勿自欺也。勿自欺，是人生之精髓，亦是人生之生機。去其精髓則與禽獸何異？剝其生機則與死屍何異？真心寶貴生命者何能忍此終古？故曰：『不自由、毋寧死』。」「人民行為，雖不合於公準，未必即陷於咎惡；於其不陷於咎惡者，不但宜寬容之，且宜依據典則之根本精神進而用之。為政如此，民

情何至抑鬱不伸？人才何至屈沮難展？自由主義之大效，未可以急功近利代也。」其此一見解，當然是極權主義者所不願聞的。

對於政治民主，家菊的見解是：「中國在政治方面受西洋思想之衝擊甚為顯著。無論成功與失敗，民主之趨勢終莫可抗。誠以民主之思想即已發育於本土，而民主制度又有西洋的一套可以運用，選舉也、議會也、政黨也，無論付出何等代價，國人必不放棄。是故應竭盡智慧，講求最善之技術。至於拂逆人情之極權政治，敢斷言其不能成熟於中土。」「防民之口，甚於防川」，川流壅則潰決，言路塞則反叛。有識之士以立言為人生大節，不惜赴湯蹈火，言人所難言。當政府決策困難，或小人竊弄威權之時，山林間輒有獅子吼，聲氣所感，往往形成偉大運動，足以震懾權奸。輿論威力使自愛者皆力自檢點，以免遭物議。其對民主政治信仰之堅，對輿論之重視，更殷殷期盼為政者能察納雅言之苦心，不言而喻矣。

基本上，家菊的思想以儒家為本，同時亦多少受到杜威學說的影響。在儒家思想中，他比較服膺《論語》及《大學》的教義，《論語》重視「博學」，教人努力求知；《大學》重視「知止」，教人嚴守規律，都是行之絕無流弊的。另外，他對於宋明理學，則比較接近程朱一派，而與陸王一派不大相投。因為朱子注重格物窮理，與現代的經驗科學是相通的，而陸王一派則重視尊德性，而忽略道問學，甚至書也可以不讀，結果疏於是非善惡之辨，雖有狂者進取氣概，但往往流於妄。家菊嘗謂今日的風氣，大似明末，需要像顧亭林那樣提倡「博學於文」、「約之以禮」、「行己有恥」以矯正之。

家菊一生思想合而言之：為儒學。他一生精研儒學，而不陷於墨守復古之弊，在文化上，真正做到了因時制宜，應物變化，返本開新，推陳出新，承先啟後的地步。他的儒學，與一般側重講壇主義和國民大眾懸空的所謂儒學完全不同，他的儒學是一種以建設新國家、新國民為前提的實踐儒學、經世儒學。要而言之，即（1）仁

愛為本；（2）盡其在我；（3）節制自己；（4）信任專家；（5）設定第一級原理；（6）性格支配認識。家菊認為中華文化以仁愛為本，做人要做仁人，政治要行仁政。自由若不基於仁愛，則將成為殺人的利器。但中國人講仁愛，有規律，有分際，依照規律去愛人，才不致發生姑息或放縱的流弊。

其次為盡其在我，這是中國最偉大的傳統精神，盡自己的力量去做自己應該做的事，盡自己應該盡的本分，只求心之所安，而不計成敗得失，此即盡其在我，亦謂之忠。至於節制自己，國人自接觸西洋文化以來，自我伸張成了時代的特徵，結果造成今日無秩序、無禮法、人人強進、個個爭權的現象。家菊經常勸人要遵守古聖先賢的訓示，不要蔑視聖賢，崇拜自己，以自我為中心，而目空一切。

他曾說：「一個民族有傳統，正如一個人有經驗一般；如果離開經驗與傳統，在個人沒有記憶作用，在民族沒有歷史作用，永遠在黑暗中摸索。」古人所謂「克己復禮」，就是教人控制自己不正當的慾望，去實踐客觀的規律，以培養忍耐、辭讓、循禮、守法的精神。此外則為信任專家，家菊常言，獨立判斷雖是現代文明的要素之一，但獨立判斷卻容易發生錯誤。如何才能避免錯誤？家菊認為獨立判斷只可行於自己專門研究的範圍之內，對於自己沒有深刻研究的問題，最好信從專家的意見，因此初學之人，毫無知識經驗，只有以信仰為重，將古聖先賢的訓示接受下來，這些訓示經過無數代的考驗仍有其不可磨滅的價值，足見其為民族集體智慧的結晶，接受下來必然有益無害。等到自己的知識經驗豐富了，再予以理性的批判。

而所謂設定第一級原理，是指一個思想體系的最高依據，其設定與運用都關係重大。《論語》說，葉公語孔子曰：「吾黨有直躬者，其父攘羊，而子證之。」孔子曰：「吾黨之直者異於是。父為子隱，

子為父隱，直在其中矣。」父為子隱，子為父隱，似乎於直道有損，但卻因此保存了父子的天性，那是人類的最高原則，亦即第一級原理關係至為重大，故曰直在其中。最後則為性格支配認識，家菊認為真理的認定，是通過人的性格的。對於同一件客觀的事實，往往仁者見之謂之仁，智者見之謂之智。所以要認清真理，必須有和善中正的性格，先把心房打掃得乾乾淨淨，使心如明鏡，一塵不染，這樣才能正確認識真理。復次如發揮服務精神，強調責任觀念，提倡善意待人，主張不鬥爭主義，倡導吃虧主義等等，雖係老生常談，亦皆從痛苦經驗中體會而出，成為其思想不可分割的一部分。

家菊是位愛國者，所以其儒學先天和愛國不可分。家菊在政治上的大原則是認為中國以往的天下國家，已經成為過去，在此多元國家，列國競存的時代，中國國家體制和國民觀念，也必須循此世界史的軌轍，加以變化，加以改造。在這個正確的認識前提下，家菊以為，以近代世界史作背景的儒學，應使中國蛻化成為近代世界史上的個體國家，此個體國家，乃民族國家的建國立國之基礎。基此理論，家菊引用德國近代史家蘭克（Leopold von Ranke）的話，說明何以國家必須成為個體的理由，蘭克說：「政治的本質，所關係的範圍，僅限於一個國家之內；所經營者，在於國民的生存和福利；所追求者，惟國家道義精神的發揚而已。」

本此，家菊進一步發揮，國家必須成為個體，而後根源的生命得以立，而此根源的生命由來，則以一國的歷史為其淵源，尤其與聯結一國過去、現在，並貫徹將來的精神，密切相通。而其真正內涵，家菊以為，真實的政治，必須建立其基礎於本國偉大而顯著的發展史上，此固有的原理，即國民內在的生命個體。換言之，歷史文化的個別性格，所含有的現實的、生命的、具體的個體，乃是獨自的原理之發現與發展，而這獨自的原理，事實上，便是現實的國家。所以家菊勸勉國人，我們最重要的工作，還是在於以絕對善意

珍視自己的歷史文化，根據近代民族理論，本著對於中國傳統特別加以愛護的世界觀，用新時代的精神和思想，加以充實，加以發展，使其完成一個特殊的生命個體。

　　家菊一生雖未執政，以一介在野黨領袖終其身，其從事政黨活動的態度是：「是則是，非則非」，毫無黨人的氣息，更少黨派的成見，他是依據君子「群而不黨」的精神作政黨活動，蔣介石非常禮遇他，尊其為元老，譽為國寶。家菊的政治立場始終一貫，堅持「只要盡其在我，尊重憲法，安定民生，協和朝野，一般人以豪華奢侈為罪惡，以傾詐排擠為可恥，則光復大陸，重整河山，定可計日而待。」由此可見，其態度的光明磊落和思想的周密深邃，對於一個道德淪喪、是非混淆的社會，尤有警惕的作用。

廣義的「國家主義」份子

——何炳松——

　　何炳松（1890-1946），字伯臣，又字柏丞，浙江金華人。炳松天資聰穎，有「在校無試不冠軍」之譽，曾留學美國，入威斯康辛大學及普林斯頓大學研究所，專攻史學。回國後曾任教北京大學、北京高等師範大學；其後回杭繼馬敘倫為浙江省立一師校長，開啟爾後長年的校長生涯。1924 年，炳松任上海商務印書館編輯，不久升史地部主任，從 1925 年起，亦兼任上海光華、大夏、國民等校教授。而是時青年黨領袖曾琦、李璜等亦在滬上辦《醒獅週報》，宣揚國家主義運動，炳松不知是受其影響；還是本身亦認同國家主義的理念，曾於該刊撰寫有關國家主義的文章。

　　基本上，炳松是隸屬於國民黨籍，這點是無庸置疑的，因為炳松以後長期擔任大學校長，在那個國民黨「一黨訓政」的年代，要成為大學校長而非屬國民黨者，可謂如鳳毛麟角般稀少。所以筆者大膽認為，炳松為國民黨員應該是不錯的。有趣的是，炳松後來的國民黨員身份，並不影響其早年的主張國家主義思想，甚至可能同情青年黨這樣的事實。個人認為炳松雖非青年黨員，但將其歸納為廣義的「國家主義」份子，應該是可以說得通的。原因是炳松於上世紀的二〇年代，不僅在政治立場上主張國家主義思潮，自己亦曾於《醒獅週報》上為文鼓吹，茲證明如下。

　　1926 年 4 月 10 日，何炳松撰〈帝國主義與國家主義〉一文，登載於《醒獅週報》第 78 號。文中炳松以史學家追根究柢的精神，

首先區別何謂帝國主義？何謂國家主義？此二者在定義上的不同。帝國主義為何？炳松以為「為一種增加領土之政策，目的在於監督其地之出產、壟斷其商業，並投資以發展其天產。」而其形式則為赤裸裸的武力合併，或強行劃分勢力範圍，或強迫為租借地，且完全無顧於領土上居民之意願為何。至於國家主義之定義則是「一民族或數民族在其所居領域內有自主之權，不許他人無理干涉其內政，或侮辱其榮譽之主義也。」換言之，炳松以為在形式上，帝國主義與國家主義是有雷同之處，即同具土地、人民、主權三要素，但在精神上卻大異其趣，基本上，帝國主義在擴充領地，且不問領地中所居者為何人；國家主義則否，其義務在保守本族已有之領地，且不許他人侵略。故帝國主義是積極侵略之政策，國家主義為消極自守之政策，兩者是完全不同的。

接著炳松以中國人性愛和平，不以力服人；和中國地大物博，無所求於外人也，來論證帝國主義思想在中國是甚為薄弱的。反觀西方自 16 世紀商業發達，18 世紀工業革命之後，為謀擴充銷售市場與投資機會，在 19 世紀幾乎以「船堅砲利」政策，征服了世界絕大多數地區，形成列強爭奪市場的帝國主義行徑。至於國家主義，炳松認為中國發達最早，春秋「內諸夏外夷狄」之義，即為中國古代國家主義萌芽之證明，迄於宋元明清之際，外族入侵，亡我國土，「非我族類，其心必異」，更是中國國家主義最發達的時期。而歐洲人的國家主義觀念則甚為淡薄，迎他國人為本國之主者的事情屢見不鮮，直到拿破崙以武力欺壓普魯士及西班牙後，普西等國才恍然領悟到外族入侵的亡國之痛，炳松以歷史事件論斷，歐洲之有國家主義實從此開始，而此後 18、19 世紀義大利、德國、中南美洲各國的獨立運動，實都與國家主義有關。

到了 20 世紀，國際糾紛層出不窮，炳松以為主要因素，還是在於這兩種主義的衝突。其中原因很簡單，蓋帝國主義是侵略主

義，而國家主義為自保主義，此二主義根本不能相容，強者欲「弱肉強食」併吞弱國；弱國為「力圖自存」積極抵抗，故強國惡聞國家主義，弱國則痛恨帝國主義，雙方南轅北轍，衝突自無法避免。接著，炳松對侵略的帝國主義提出批判，他認為帝國主義的侵略手段有三：即武力、經濟、文化等三種侵略並用，而國家主義雖亦主張武力，但情形是不同的，在政治上，因為帝國主義採取的是積極的武力侵略，國家主義則是被動保守的武力防衛。在經濟上，為對付帝國主義透過通商口岸或租界地的取得特權，國家主義可用提倡國貨或經濟絕交來抵制。於文化上，凡列強以傳教事業或教會教育來從事文化侵略時，國家主義者宜以發揚光大本國之文化以抵抗之。另外，何炳松也主張可以仿傚印度甘地的「不合作主義」以對付之。

最後何炳松以中國古代的「王」、「伯」（按：即霸）來指出帝國主義霸道的危機，他以菲律賓之反美、朝鮮之反日、安南之反法、埃及印度之反英為例而論證之。炳松認為這些帝國主義國家，悍然不顧國家主義之訴求，只圖眼前近利而無遠識，實為世亂之根源。帝國主義雖可以逞強於一時，但國家主義之力量亦沛然莫之能禦，觀之波蘭之復國、土耳其之復興、印度之反英、中國「五卅運動」後之反帝，炳松樂觀的斷言：「國家主義將來必有戰勝帝國主義之一日」也。

而炳松認為人類侈談大同世界，成立所謂的第一、二、三國際等，此實為自欺欺人之伎倆。觀乎歐戰期間各國人民的為祖國效力，可見泯除國界、打破種族之見談何容易。因此炳松以為，吾人果欲言世界大同，還是先從愛自己的母國開始，對內培養武力，發揮國光，對外互敬互助，與鄰為善，相安無事，此即國家主義之真精神也。

　　炳松與青年黨並無關係，然其國家主義的思想則與曾琦等人的主張相契合，所以在該文末，主編曾琦的按語就頗露玄機。曾琦說：「何先生為吾國惟一之歷史學大家。曾任北大教授，現任商務印書館編輯，與予同任上海『大夏大學』、『法政大學』等校教授，著有歷史書籍甚多，此篇為其在浙江金華第七中學演稿。以客觀的眼光，從歷史上觀察，證明帝國主義與國家主義根本相反；且斷定國家主義必能戰勝帝國主義，與吾人所見，不謀而合。世之詆誣國家主義以為即帝國主義者，觀此亦可以爽然自失矣！」將炳松引為思想上的志同道合者，於此可見端倪。

　　因為認同國家主義的理念，也與「醒獅派」諸領袖相友善，1926年6月6日，炳松又於《醒獅週報》第86號，發表〈現代西洋國家主義運動史略〉一文。該文臚列了近百年來，歐洲國家的民族復興運動，舉凡法國大革命的推翻君主專制、德國思想家菲希特等呼籲的德意志救國運動；西班牙、波蘭、匈牙利、愛爾蘭等國的復國運動、希臘、比利時、羅馬尼亞等國之獨立成功；「少年義大利」與義大利的統一運動；俾斯麥與德國之統一。另外，芬蘭、南非、埃及、波斯、印度、土耳其諸國，或反壓迫、或要求解放、或採取不合作態度、或實行武力抗爭等等，均在在顯示國家主義思潮的風起雲湧不可抗拒。

　　是以炳松斷言：「現代歐洲史，直可視為國家主義發達史」，他更認為一部所謂的歐洲史，不啻為國家主義對外與帝國主義奮鬥；或對內與專制君主鬥爭的歷史。他以史學家的眼光說到，現代歐洲史實以國家主義為中心，吾人如不了解國家主義之精神及其運動，即不能明瞭現代歐洲歷史之真相。基於國家主義思潮的澎湃洶湧，炳松非常樂觀堅定的說，未來國家主義的前途，絕對光明無比，因為具有特殊文化之民族，應有其獨立自決之權利，此乃天經地義之事，也是合乎人類的本能。

　　而至於侵略的帝國主義、理想「烏托邦」的大同主義或世界主義，前者必將失敗；後者則不切實際，只有國家主義才是中國最正確的道路。值得探討的是，炳松說：「吾人又鑒於歐洲國家主義之興起，以本國學者提倡之功居多，而民族史之研究尤為重要。吾國時至今日，史學運動宜乘機而起以從事於救亡之舉矣。世有同志，盍興乎來！」換言之，炳松認為國人介紹歐洲各國的國家主義運動之文已多，但捨近求遠，自己本國的國家主義思想反而著墨不多，這是很奇怪之事，即便公然提倡國家主義的「醒獅派」亦然。

　　所以炳松以為，提倡政治上的國家主義固然正確，但在文化上、民族上倡導國家主義更是重要。基本上，此際的何炳松之思想，類似聞一多、梁實秋、邱椿、張真如等人，均屬於保守的「文化國家主義」者。是以，1935 年 1 月 10 日，炳松與王新命、武堉幹、孫寒冰、黃文山、陶希聖、章益、陳高傭、樊仲雲、薩孟武等所謂的十教授所發表的〈中國本位的文化建設宣言〉，也就有跡可循了。

　　當年該文披載後，曾引來老朋友胡適的為文批評，胡適在《大公報》發表〈試評所謂「中國本位的文化建設」〉，文中嚴厲批判何炳松等十教授的「中國本位」文化，根本就是晚清以來「中學為體，西學為用」的化裝呈現。他們在宣言中，儘管強調其不守舊的姿態，但胡適以為，其實還是他們的保守心理在那裡作怪。胡適的文章，也引來炳松與薩孟武的批駁，但假如胡適看過炳松早年在《醒獅週報》撰寫的有關國家主義之文章，也許對炳松參與連署發表的〈中國本位的文化建設宣言〉之舉，就不會有點彷彿大驚小怪之反應了。

何炳松「籌而未設」的遺憾

——國立東南聯合大學——

　　1937 年，中日戰爭爆發後，因為整個中國東部精華省分的逐一淪陷，不僅政府機關迅速的撤遷大西南，戰前在華北、東南地區匯集最多的高等學府，也在教育部一聲令下，以聯合大學的形式，有計劃的遷移至內地安全區域，繼續在戰火中弦歌不輟。這當中最有名的，當屬由北大、清華、南開三所中國最頂尖大學所組成的國立西南聯合大學，其次在 1937 年，也有由國立北平大學、國立北平師範大學和國立北洋工學院等三校，於陝西所成立的國立西北聯合大學。至於國立東南聯合大學，可能知者就非常之少了。揆其因，主要是規劃太晚且最終並未真正創辦之故，然其原本欲成立確係屬實，只不過最後胎死腹中罷了。

　　國立東南聯合大學的籌設，主因為 1941 年，太平洋戰爭發生後，日本正式與英美為敵，原本在盧溝橋事變後，即便中日兩國已打的如火如荼，但在上海孤島，因有英美租界的關係，日軍尚不敢公然入侵。如今既然雙方已處於交戰狀況，日本當然以武力進攻上海，而之前在「8‧13」淞滬之戰後，奉教育部令諸多避地上海的公私立大專院校，也就完全暴露在敵人的火炮之下。為此，教育部為維護上海高等教育，招收大學人才起見，乃毅然決定籌組國立東南聯合大學，以收容自上海內撤之各專科學校以上的教職員工和學生。

　　1942 年 1 月 15 日，教育部以電令委派胡健中、駱美奐、王鳳喈、張壽鏞、曹惠群、楊永清、黎照寰、樊正康、裴復恒及何炳松

等十人，為國立東南聯合大學籌備委員，並以何炳松和王鳳喈為正副主任委員。2 月 10 日，教育部又增派阮毅成、許紹棣、許逢熙三人為籌備委員，4 月 6 日又補上胡寄南一人，4 月 9 日，國立東南聯合大學籌備委員會致電教育部，要求增加李培恩及胡敦復二人，所以籌備委員會共有委員十六名。而到了 6 月下旬，因王鳳喈辭職，教育部乃改派周憲文為副主任委員。

國立東南聯合大學校的設立，旨在便利收容自上海撤退的專上學校師生。時內定的主任委員何炳松，因暨大校務繁忙，一時無法兼顧東南聯合大學籌備事宜，教育部乃先行委派胡健中、駱美奐二人在金華設立籌備處，在胡、駱二人的努力下，國立東南聯合大學籌備處，終於在 1942 年 3 月 24 日宣告成立。是年 4 月 1 日，何炳松於暨大校務告一段落後，急赴金華並於同月 4 日就職視事。

因為籌備東南聯合大學已提上議程刻不容緩，炳松乃於 4 月 5、13、25 三天，緊鑼密鼓的召開籌備會議，出席者有駱美奐、胡健中兩位先行籌備負責人外，另有阮毅成、許紹棣、許逢熙、李培恩、楊永清、盛振為等代表。會議議決將籌備處改名為籌備委員會外，並通過學校組織規程，決定辦事人員，並開始啟用鈐記。在學校科系方面，初步擬定大學分設文、理、法、商四個學院，及藝術、體育、紡織三個專修科。而籌備委員會則分設：秘書處、總務處、編訓處、會計室和設計委員會。

總務處又分文書、事務、出納、交通四組。編訓處有登記、訓導二組。在人事部分，聘杜佐周、顧石君、謝海燕、倪貽德、沈仲俊等為設計委員。總務處長由朱中慮擔任，編訓處長則委由婁子明出任；方岳為會計室代理主任。同時並委託杜佐周在上海負責一切聯絡事宜。另外，還派專員赴臨蒲、諸暨、南潯、淥渚四地設立交通站，以便沿途照料自上海內遷之師生。4 月 30 日，何炳松偕同

駱美奐、胡健中等人，前往江山南鄉石門村勘察校址，該地自然環境清優，又有現成祠堂可權充校舍，場地寬敞是個適合的校址，因此一面上電教育部請求批准；一面聘請當地趙賢科、王道二人，開始協助校舍修建事宜。

當時位於金華的國立東南聯合大學籌備委員會，已收容不少自上海南下的專科以上師生，人數已達兩百多人。不僅如此，該委員會還資助如上海交通大學、國立醫學院等校學生經費，使其能順利趕赴重慶母校。另外，不在東南聯合大會招收科系以外之其他學生，該會也酌情給予川資津貼，使其能到內地分發至其他大學。而已經內定的東南聯合大學教職員同仁，則在杜佐周的敦促下，已一一準備從上海南下浙江江山就任，國立東南聯合大學之籌備工作，至此可謂完成初步階段了。

惜未幾，日本進犯浙東，5 月 15 日浙贛戰爭遂起，先期已到金華的東南聯合大學籌備委員會員生二百餘人，幸在胡健中的指揮下，配合戰區長官的協助，在朱中慮等率領下，安全抵達江山，而籌備委員會主任委員何炳松也於 23 日到達江山會合。正要在江山開學上課之際，因政府作戰戰略，欲以誘敵深入之計困住日軍，而江山地處浙贛鐵路中心要衝，已非妥然之地。戰區最高長官顧祝同思量再三，終於決定建議國立東南聯合大學，不如模仿西南聯大，乾脆遷遠一點，以福建江西的閩贛邊界為宜。

何炳松接到命令後，二話不說當即與核心幹部胡健中、杜佐周、謝海燕等商議，決議遵照辦理，將東南聯合大學籌備委員會及全體員生暫遷至建陽，並電告教育部。然未及一週事情又有變化，緣於戰事擴及至衢縣一帶，滯留於江山的籌備委員會和員工又告危急，為安全計，5 月 30 日，全體員生又開拔，在倪貽德、沈仲俊、謝海燕、朱中慮等幹部領導下，步行前往建陽。途中翻山越嶺餐風宿露備嘗艱辛。第一站預定先至蒲城安歇，何炳松和妻子明先到蒲

城，為安頓員生作準備，克難中只得借文廟為員生食宿之地，並向各方商借車輛，為運輸員生行李之用。

6 月 10 日，閩浙邊境戰況吃緊，前方仙霞嶺已聞槍聲，東南聯合大學籌備委員會與全體員生方陸續抵達蒲城，為等待行李運達，遷延數日而敵踪已至。真是席不暇暖，不得已，於 18 日全體員生又啟程離開蒲城，向建陽出發，期間大雨連綿，員生挨餓受凍病倒不少，但憑著堅定意志和毅力，24 日，員生全部安全抵達建陽。到建陽後，何炳松以招生籌備事宜一日不可荒廢，立即選定童遊鄉為辦公地點，附近中心小學為員生宿舍，開始準備東南聯合大學之運作。

時前方戰事緊張，不只東南聯合大學籌備委員會和員生要安頓，自淪陷區撤退至閩贛邊境的軍政機關和難民亦蠭湧到此，使得建陽一下子難民雲集，物價飛漲，居住亦大不易。在民生物資日益艱困的情況下，員生的生活困難已極，而且籌措無門難以為繼。為此，身為大家長的何炳松，斟酌衡量審時度勢，決計再遷閩西，此腹案曾三度擬定，並且未雨綢繆，還特別成立遷校委員會和校舍設備委員會，委請謝海燕主持，以便學校遷動或校址確定後，能馬上有所行動和準備。

但是年 8 月，浙贛戰事稍歇，戰區最高長官顧祝同仍以建德為佳，建議炳松等仍將東南聯合大學校址定在建德，並開始對外招生。斯月下旬，東南聯合大學第一次招生，錄取新生 48 名，先修班 38 名，合計 86 人，而連同原先於上海招到的學生 145 名，總計共招收 231 名學生。招生完畢，接著即為敦聘教師，至 9 月中旬，已約聘教授 21 人，商洽中 13 人，待約者 7 人，共 41 人。而學校各一級主管也聘任就緒，分別是：秘書長羅君惕、教務長胡寄南、訓導長婁子明、總務長朱中慮；文學院院長為杜佐周、理學院院長係江之永、法學院院長是孫懷仁、商學院院長由陳振

銑擔任，謝海燕為藝術專修科主任，整個大學之人事組織基本上到位。

而其時避戰來閩的專上學生越來越多，教育部與福建省教育廳一再要求東南聯合大學速速招生，以接納流亡之學生，因此大學正式成立勢難再緩。在何炳松迭次致電教育部請示後，終於決定於是年9月底，准予定期開課。基本上，在這段屢屢遷校的過程中，因諸多原先之籌備委員，不是困於上海孤島，就是身處內陸，路途遙遠不克前來開會，是以所有東南聯合大學籌備事宜，舉凡隨時致電教育部；或函報各地委員諸事，幾乎都由何炳松、胡健中、胡寄南、杜佐周、謝海燕等少數委員決定的。其中，尤以主任委員何炳松，宵旰勤勞最為辛苦，其箇中甘苦，真是「寒天飲冰水，點滴在心頭」。

就在國立東南聯合大學即將成立之際，事情真是一波三折，又起了變化。原因是戰事緊崩，甚多招收學生，因交通中斷阻於戰事而無法到校上課，所以實際上大學要真正成立仍有其困難。因此教育部乃在9月16日致電籌備委員會，東南聯合大學暫緩設立，但籌備委員會仍繼續運作。現有學生併入暨南大學，唯已經撤退的上海員生，仍由籌備委員會收留，先修班之學生也歸籌備委員會辦理。10月29日，教育部又最新指示，凡上海、浙江、福建等地之撤退學生，高中畢業者派入先修班，大學肄業者分發至暨南大學，或即將成立的東南聯合大學借讀。

奉教育部令，11月1日東南聯合大學籌備委員會，乃將全部登記之學生，及考取之新生函送暨南大學借讀，但東南聯合大學的先修班可先行開學，時間訂在12月8日，主任由婁子明兼任。唯東南聯合大學在最後仍未真正設置，12月29日，行政院會議決定，將籌備年餘的東南聯合大學併入英士大學，並將英士大學改為國立。東南聯合大學籌備委員會奉令後，乃立即準備移交，新任英士大學校長吳南軒辭不就任，1943年5月12日，行政院乃改派原東

南聯合大學籌備委員杜佐周接任，英士大學幾乎算是籌而未設的東南聯合大學之縮影。

　　至於原本欲成立的東南聯合大學，其文、理、商三學院學生併入暨南大學，法、藝兩院科學生則納入英士大學。7 月底，國立東南聯合大學籌備委員會奉教育部令，正式結束運作，其存在時間約近一年半。國立東南聯合大學的籌而未設，據主事者何炳松的看法，戰亂動盪的時局固然是主因，但內部人謀的不臧也是原因之一，內部人謀為何不臧？炳松未明言，但其內心之痛心疾首，絕對是肯定的。

　　基本上，誠如何炳松所言，當年教育部之籌設東南聯合大學，是件高瞻遠矚之事，也是中國抗戰教育史上之大事。繼國立西南聯大、西北聯大之後，本欲有第三所東南聯大，惜乎主客觀因素與戰事的關係，使得籌劃年餘的東南聯大最後胎死腹中，其籌備過程在中國抗戰教育史上，有其值得紀念的一頁，但終未成立還是頗令人惋惜遺憾的。

　　值得感佩的是，何炳松氏在中國大學校長史上，其名聲雖不及蔡元培、蔣夢麟、張伯苓、胡適、梅貽琦諸氏，但其先後接長暨南大學、英士大學和負責國立東南聯合大學的籌備工作，其臨事不懼，任勞任怨，在抗日戰火紛飛的艱困歲月，運籌帷幄，憚精竭智，辟草萊開鑿宇，弦歌不輟使學生不致失學，其 57 歲壯年即病逝，或與此過度操勞有關。

　　平情言之，何炳松對中國大學高等教育之貢獻，與上述蔡、梅、胡諸氏相比，實不遑多讓。奈何蔡、梅、胡因接長中國第一流大學，名氣大地位崇隆，國內外皆知，而何氏所長大學，名聲遠不及北大、清華、南開、西南聯大，故世人對其知者不多。問題是，辦「好大學」固難；辦普通大學更是不易。準此而言，吾人認為何氏在辦大學之貢獻上，甚至較蔡、梅、胡諸氏，更值得令人欽佩矣！

閒話《江青前傳》作者
——崔萬秋——

　　提起崔萬秋，目前海峽兩岸三地的讀者可能對其相當陌生，知其人者，大概頂多留有外交家的模糊印象。其實崔萬秋一生活的多采多姿，他不僅是青年黨的元老，更是個熟諳日本國情的「日本通」。他不但踏足外交界，也曾參與編輯和從事文藝創作，尤其和「紅都女皇」江青有過一段淵源，曾引起一場無妄的波瀾，逼使其晚年寫下了《江青前傳》一書，在上個世紀的七、八〇年代，曾轟動一時。在萬秋已漸被歷史遺忘之際，筆者蒐集其若干基本資料，略為讀者介紹其人其事吧！

　　崔萬秋，山東省觀城縣人，1904（光緒30年）5月16日生，崔家為當地望族，累世務農。民初各省競辦新學，萬秋不喜家鄉傳統刻板教育，嚮慕新式學堂，在央求父母同意下，不辭辛勞遠赴縣城求學，就讀於山東省立一中，為當時魯省最好學校。1921年，萬秋自省立一中轉學於省立六中，1924年夏，萬秋自山東省立六中畢業。結業後，決定赴日留學，行前，萬秋欲一睹中國新文化之兩大重鎮上海與北京，遂展開二地之遊。然因旅費不濟，僅能先至上海（北京之行，已在1925年春）。上海之行，萬秋曾造訪二位昔日中學時期通信不輟之筆友，一為在東京留學之田漢（後為有名戲劇家，死於中共「文革」時期）；一為在上海商務印書館編輯《學生雜誌》的楊賢江。

　　田漢是「少年中國學會」和「創造社」的會員，常在《少年中國》月刊及《創造季刊》發表作品。楊賢江則是早期的共產黨員，富於組織力；對投稿《學生雜誌》的人，常寫信鼓勵，萬秋因此與其成了筆友。除田、楊二氏外，萬秋的上海之行，因暫居田漢家，經由田漢介紹，也認識了左舜生、陳啟天、張聞天等人，並與彼輩締交為友。

　　萬秋此次的上海之行，因盤纏有限只逗留兩個禮拜，便回到濟南準備赴日留學。9 月初，萬秋從青島乘大阪商船公司的「泰山丸」赴東京，同行的留學生有十餘人，多半為自費生，只有兩、三位是官費生，其中一位是北大畢業，以後曾在商務印書館任職，抗戰期間參加汪偽組織，任偽外交部長的李聖五。到東京後，萬秋和田漢、楊賢江及新結識的友人左舜生、陳啟天等仍保持密切聯繫，隨時瞭解國內最新動態。

　　時青年黨領袖左舜生常把剛創刊的《醒獅週報》寄給萬秋看，而楊賢江也不定期的將《嚮導》及《中國青年》寄與他。在這些國家主義與共產主義尖銳鬥爭的刊物中，萬秋的思想逐漸傾向於《醒獅週報》，也不時向該刊投稿，進而自然地和《醒獅》主編曾琦、發行者左舜生及主要的撰稿人李璜、陳啟天、余家菊諸氏建立友誼。

　　於此關係上，1925 年 8、9 月之交，萬秋經左舜生、陳啟天二人介紹，加入了剛成立不久的中國青年黨（以下簡稱「中青」）。參加「中青」後，萬秋旋即被付予拓展「中青」在日本黨務之重任。萬秋是個使命感極強的人，接受任命後隨即展開行動，他先在其就讀所在地廣島，成立了支部，並介紹兩位長崎高商的學生翟溫橋及朱世龍參加青年黨；此外又利用同鄉之誼，網羅不少優秀青年入黨，如薛澤生、張微星、夏劍秋等人。1926 年 7 月，「中青」第一次全國代表大會在上海召開，海外各省市代表共三十餘人出席，萬

秋亦以旅日黨部代表赴會。在此會議期間，萬秋結識了幾位心儀已久的青年黨領袖，如曾琦、李璜、余家菊、張子柱、張夢九、李不韙諸人，備受嘉勉收穫頗豐。

留日十載，萬秋對於日本明治維新後吸取西方文化，提倡實業，富國強民的經驗教訓，領悟甚深。1933 年，萬秋自日本廣島文理科大學畢業，學成歸國後，在上海參加曾虛白所主持的《大晚報》，擔任該報副刊主任，編輯文藝副刊「火炬」及影劇副刊「剪影」，開始活躍於文化界。在主編《大晚報》文藝副刊期間，萬秋自己還自撰長篇小說〈薪路〉及〈群鶯亂飛〉在該報連載。在這段擔任副刊主編期間，萬秋尚有意外的兩件事，與爾後中共「四人幫」中的二人有關。

第一件事為萬秋在主編《大晚報》副刊期間，認識了以後中共第一夫人，毛澤東的遺孀江青。那時江青原名李雲鶴，後改名為藍蘋，由洪深之介，江青獲識萬秋。洪深於信中，還鼓勵江青由青島專程來上海拜晤崔萬秋（洪稱崔鄉長），而萬秋也因山東同鄉之誼（江青也是山東人），熱心獎掖後進，替藍蘋在報上大加揄揚。江青演出「娜拉」一劇時，萬秋還特別在報上推介，使江在話劇界逐漸嶄露頭角，萬秋其後還將江轉介給田漢，望其演戲成就能更上層樓。

這段萬秋捧江青的故事，中共竟列入「叛徒江青的歷史罪證」，說「江青自首叛變，出獄後結識了崔萬秋，同崔往來頻繁，關係密切，崔主編之大晚報副刊經常發表文章，刊登劇照，大肆吹捧江青」。據唐紹華在《文壇往事見證》（台北傳記文學雜誌社出版）書中言，萬秋曾告訴唐氏，其與江青關係，僅止於一起跳過舞而已。然而事情還沒有結束，當時香港、台北，甚至於大陸民間，還流傳另一套有關萬秋和江青的傳言，說當年江青在上海時期，早已和萬秋如何如何，最後為萬秋所棄，爾後江又鬧了一次婚變，才投入延

安的窯洞，成了毛澤東的床頭人。（見鈕先銘，〈崔萬秋與江青公案〉一文）。

萬秋晚年隱居舊金山，為澄清這段其與江青之流言，乃從 1982 年元月起，開始在香港的《百姓》雜誌逐期刊載〈上海歲月話江青〉長文，詳述其經緯始末。在該文中，萬秋坦承：「我在辦報期間，吹捧過明星是真的，而且也太多了，例如胡蝶、阮玲玉、王人美、陳燕燕、白楊、舒繡文等，對藍蘋──江青藝名──並無特別往來，關係也不密切」。且萬秋在上海期間辦的是晚報，性質當然較偏重趣味性，在當時，電影、話劇，都是剛起步的玩意兒，萬秋愛好文藝，吹捧幾個藝人自在情理之中，倒不限於藍蘋一個。

由於萬秋在《百姓》雜誌，登載有關江青的文章，十分暢銷，1986 年起，亦在美國西岸的《國際日報》連載，也造成轟動，最後乾脆以《江青前傳》為名，委由香港的「天地圖書公司」出版。此書問世後，各方佳評如潮，哈佛大學的中國問題專家 Ross. Tirril 教授稱：「這是一部具有寶貴個人經驗，研究毛江的重要著作」。而史學家唐德剛也評論此書道：「在這一大群的江青傳記作者中，真正有第一手資料而又能紀錄成書的，我想可能只有崔萬秋先生一人了」，確係如此。（見唐德剛，〈江青底藍蘋時代的見證人──敬悼崔萬秋先生〉一文）。

另外一事，也與「四人幫」有關，1936 年 3 月 15 日，萬秋在主編《大晚報》副刊「火炬」時，曾發表一篇張春橋（化名狄克）批評魯迅的文章，題為〈我們要執行自我批評？〉，文中對魯迅為蕭軍的《八月的鄉村》這部小說的序言提出嚴厲批判。魯迅於同年 4 月 16 日也立即寫了〈三月的租界〉予以回擊，並深刻揭露張春橋的反革命嘴臉。而張亦不甘示弱，在 4 月下旬又給魯迅寫黑信，對魯進行反撲。值得一提的是，張寄給魯的這封信之通訊地址，寫的是「大晚報火炬星期文藝編輯部」，這就羅織成「四人幫」垮台

後，中共在「張春橋的歷史罪證」文件中，罪加一條的說：「這是張春橋以反動的《大晚報》副刊『火炬』編輯部為據點，在崔萬秋的指使下，圍攻魯迅，從事文化特務活動的證據」，真是欲加之罪，何患無辭呀！

1937 年，抗戰軍興，萬秋以深諳日本國情，精通日語的緣故，為中宣部董顯光部長延攬為國際宣傳處第三科科長，負責對敵宣傳工作。時國際宣傳處人才濟濟，陣容堅強，如後來任國府駐美大使的沈劍虹，及八〇年代任外交部長的朱撫松氏，均為萬秋同事。由於萬秋通過文藝與文化的鑽研，對日本社會及民族性有深入的了解，因此在宣傳對日作戰時，就能做到「有的放矢」，針鋒相對的地步。他主持的「對敵科」，每天除負責收錄日本廣播，編成參考資料外，有時還要作分析判斷，送當時的蔣委員長和各部會官員參閱。「中國之聲」（The Voice of China）的對日廣播，由「對敵科」人員擔任，廣播質量被國際上公認是最好的，顯示萬秋的領導有方。

而在主持對敵宣傳的同時，萬秋在重慶還先後兼任《時事新報》副刊「青光」和成舍我主辦的《世界日報》副刊「明珠」的主編。萬秋曾以徐州會戰、保衛武漢為背景，撰寫成〈台兒莊會戰〉、〈保衛大武漢〉的中篇小說《第二年代》。抗戰後期的 1943 年，萬秋更深入蘇魯豫皖邊區戰地考察。時湯恩伯在河南葉縣創辦「政治學院」，力邀萬秋為該學院教育長，擔任教學工作。不幸次年夏季，日軍集中華北、華中兵力，發動中原戰爭，葉縣陷敵，學院被燬，萬秋在戰火中仍盡力率領一部份學生，輾轉至陝西南鄭交由教育部接收安置。

1945 年 8 月，抗戰勝利，日軍投降，湯恩伯奉命主持京滬地區受降工作。湯因賞識萬秋之能力，不計其青年黨籍，電邀萬秋參與接收工作，委為司令部少將高級參議，飛滬負責指導辦理接收日

本在滬文化事業，並策劃創辦日文《改造日報》，作為對日僑日俘進行再教育的措施，直到受降遣僑遣俘任務結束為止。1948 年，勝利復員後，為重振「中青」在江浙地區的東南黨務。萬秋與左舜生在上海共同創辦了《中華時報》，並以副社長兼任總編輯。於此同時，萬秋也主編由成舍我創辦的上海《立報》副刊「言體」。自己也撰寫中篇小說〈睡美人〉，此外又在《中華時報》連載其長篇小說〈重慶美人傳〉，一時傳為佳頌，膾炙人口。同年，因陳啟天任經濟部長，萬秋由友人兼同志朱世龍推薦，任中華民國駐日代表團商務代表（團長為朱世明）。

時值日本戰後滿目瘡痍之際，對日貿易，日方根本無償付能力，交易收採易貨方式，商人經營困難重重。幸因萬秋熟諳各商務情形，從中排難解紛，對僑商做了許多有益的事，才使傷害損失減至最低。1952 年，「中日和約」簽訂後，代表團易名為駐日大使館，老上司董顯光出任駐日大使，委萬秋為一等秘書、政務參事，繼續負責與日本外務省交涉；及與國會、內閣聯繫的工作。此職務，萬秋一做十二年，迄於 1964 年始調回外交部，任亞東太平洋司副司長。1967 年，萬秋外放為駐巴西大使館公使，直到 1971 年退休，移居美國，暇時以讀書寫作自遣，安享晚年。1990 年，萬秋因動脈瘤手術引起肺炎，不幸於 9 月 10 日下午 3 時，逝世於舊金山加州大學附屬醫院，終年 86 歲。

萬秋一生以外交家、「日本通」稱譽於世，其實他出身日本國立大學，本擬以學院派之研究生活終其身。奈何國難方殷，在國家徵召下，亦不得不以從事外交、宣傳為優先。雖係如此，但萬秋在百忙之中，仍不忘教育著述的初衷，於公忙之餘，曾先後在復旦、滬江（上海）、中央（重慶）、中國文化（台北）等大學講學。其著述亦頗豐，有《通鑑研究》、《日本廢除不平等條約小史》、《廣田外交與中國》等書，均由上海商務印書館出版。

其文學思想則師事日本「白樺派」領導者武者小路實篤，曾翻譯其作品〈母與子〉、〈忠厚老實人〉、〈孤獨之魂〉、〈武者小路實篤戲曲集〉。此外，尚譯有日本最偉大之作家夏目漱石的代表作〈草枕〉、〈三四郎〉；井上靖的〈死與愛與波〉；藤森成吉的〈誰逼她如此？〉；女作家林芙美子的〈放浪記〉。不僅如此，萬秋還以其長期駐日經驗，著有《日本見聞記》、《東京見聞記》二書，皆由台北皇冠出版社出版，該二書專門介紹日本的山川、人物、歷史與文化，為國人提供瞭解日本的重要著作。

總之，以文學成就言，萬秋與青年黨內著名文學作家劉大杰、胡雲翼、廬隱、左幹臣等，均成名甚早，對三、四〇年代的中國文壇，亦有其貢獻之處。而其論政敘事，文筆流暢生動，尤深具說服力。1991 年 12 月 17 日，為響應台北中央圖書館「名人手稿室」之籌設，其夫人張君惠女士特將萬秋著作手稿和信札，捐贈給中央圖書館，由楊崇森館長代表接受。其中彌足珍貴的是，萬秋與張群、李璜、曾虛白、朱撫松、董顯光以及佐藤榮作等日本政要的往來函件，也一併贈與該館，為近三十年來中日外交滄桑史，提供最權威的第一手素材。1993 年 3 月，夫人張君惠及陸鏗、莊因、胡靜如、曾憲斌、劉子鵬、黃欣周等眾多萬秋生前友人，出版《崔萬秋先生紀念集》，由波士頓劍橋出版社出版，算是對萬秋逝世三週年，最有意義的紀念方式。

遭日軍殺害的戲劇家

——侯曜——

　　侯曜，這位曾經如同郁達夫在南洋遭日軍殺害的導演、戲劇工作者、青年黨員、愛國主義者，相信國人已對其非常陌生而遺忘殆盡了。據筆者所知，除青年黨領袖李璜在其《學鈍室回憶錄》提及參與抗日活動的一段文字外；大陸研究電影史專家張偉，在其近著《談影小集——中國現代影壇的塵封一隅》，內有〈侯曜夫婦與神話片《月老離婚》〉一文外，有關侯曜的資料記載，在海峽兩岸三地，可謂非常之少。筆者研究青年黨多年，曾蒐集侯曜些許資料，茲介紹其生平如下，以享讀者。

　　侯曜，字一星，號東明，廣東番禺人，生於 1900 年（清光緒26 年），自幼聰穎，酷愛文藝，尤嗜好戲劇。1920 年，離粵赴滬，考入南京高等師範學校研究教育，課餘之暇，兼從事戲劇運動，並開始編寫劇本。1921 年元月，鄭振鐸、周作人、耿濟之、沈雁冰、郭紹虞、葉紹鈞等人，於北京「來今雨軒」成立「文學研究會」，侯曜亦為會員之一。1924 年，東南大學（即前之「高等師範學校」）突遭祝融之禍，火災後，教職員學生都努力從事恢復。

　　東大學生自治會，議決舉行募捐遊藝會，演戲籌款。因無適合演出劇本，侯曜乃自告奮鬥，自己編寫劇本，提供遊藝會之需。侯曜言：此乃其編《山河淚》之動機，《山河淚》取材於《韓國獨立運動之血史》、《韓國真相》和英文版的《高麗之獨立運動》三書內容。關於編此劇本的宗旨和歷程，侯曜說：「是描寫韓國獨立運動

的精神，並借此書替世界被壓迫的民族作不平鳴，向帝國主義之野心家作一當頭棒喝。更希望世界此後成一個平等、博愛、互助、共存的大樂園。我不知道這本劇能否唧得起這個重要的使命？但是無論如何，總可以赤裸裸的把作者的苦心表現出來吧！」

此劇本曾親訪參與獨立運動的朝鮮人之口述，內容詳實，侯曜以月餘時間撰就。王希曾修辭；李今英、濮舜卿、李昌樺排演；周玲蓀譜曲；東大戲曲研究會東南劇社四處公演，初試鶯啼口碑甚佳，各地反應熱烈，奠定侯曜編寫劇本之信心。是年底，侯曜自東南大學畢業，以所學從事平民教育工作，不汲汲於名利。

侯曜所學雖為教育，然其對戲劇之興趣，卻更加著迷不能自拔。1925 年，侯曜應上海「長城畫片公司」聘，任編劇主任及導演。5 月，其《山河淚》劇本由商務印書館出版，列為「文學研究會」通俗戲劇叢書第四種。1926 年，侯曜與東大同學濮舜卿結婚，兩人志趣相投，共同為戲劇工作而努力。關於侯曜和濮舜卿的戲劇風格，研究新文學史的劉心皇曾言：「侯曜的《山河淚》和濮舜卿的《人間的樂園》，可以代表那時的學生劇（即學生們在學校演的戲劇），說教氣味太重，而事實又太近於空想，侯和濮在東南大學同學，後又結為夫婦，彼此間影響很深，作風差不多是一樣的。」

1927 年，侯曜離開「長城畫片公司」，轉往由黎民偉、羅明佑所主持的「聯華影業公司」發展，侯曜負責編劇和導演，《海南詩人》、《復活的玫瑰》、《月老離婚》、《觀音得道》等即為此期的作品，其中以《復活的玫瑰》最為著名。《復活的玫瑰》為侯曜第一本劇本集，內容包括了《復活的玫瑰》、《刀痕》、《可憐閨裡月》等三個劇本。前兩本是反對舊家庭的專制和婚姻的不自由，並對中國的舊禮教提出嚴厲批判；後一本則是反戰作品，都是以悽苦的悲劇形式，來表達內心的不滿。劇本頗具張力很能感動人，後輯結成冊，

委由商務印書館出版。另《海角詩人》劇本，侯曜不僅自己編導，而且還充當男主角；女主角為李旦旦，她是中國第一位女飛機師，有名於時。侯曜因患深度近視，眼睛看起來過於深陷，故其特意把原來的劇本改成《盲詩人》，於是他就可以不張眼睛做戲，在當時戲劇界傳為美談。

1928 年，侯曜為「聯華」策劃《故都殘夢》電影，為此電影劇本，侯曜還特別撰寫出一本小說名為《棄婦》。其中描寫一個棄婦在鄉居憂鬱的環境裡所發生的種種事情，兼亦提倡女子參政和平民教育的理念，並把女權運動中的遭遇，強烈地刻劃了出來。1929 年，侯曜離開「聯華」，曾一度加入方振武的部隊，擔任軍事教育工作。方振武下野後，1930 年，侯曜又至瀋陽馮庸大學當教務長。時「東北講武堂」及「馮庸大學」有許多青年黨員，馮庸本人亦隸屬青年黨籍。於此機緣下，侯曜亦因而篤信國家主義，加入中國青年黨。在東北期間，侯曜還經常用「鐵筆」筆名，在報章發表甚多愛國反日的文章，而贏得「權威評論家」之稱。

1931 年「9‧18」事變後，侯曜以鮮明的反日立場，不能見容於東北，乃南下天津就「河北省立法商學院」教授職。時國難方殷，關外東北義勇軍風起雲湧之際，侯曜為激勵士氣，特別編寫兩個劇本：一為《皇姑屯之一彈》；一為《韓光第之死》，前者由商務出版發行，後者發表於陳啟天所辦的《民聲週報》第 8、9、11 各期。是年底，侯曜又以新詩的方式，分別在《民聲週報》第 12 期刊載〈哀國難〉、〈亡國哀曲（弔朝鮮）〉、〈壯哉馬將軍〉等三首慷慨激昂的詩歌。

於此同時，侯曜尚為天津《大公報》編寫歌劇《復活的國魂》，連載一時甚是有名。1932 年，侯曜除在天津當教授外，暗中卻積極與關外的東北義勇軍聯繫接納，並策劃種種活動。當中日兩軍在灤河兩岸鏖戰的時候，侯曜冒險到前線從事聯絡慰勞接濟的工作。

此事，青年黨領袖李璜在《學鈍室回憶錄》中，亦有詳載：「在天津租界購買手槍炸藥並不難，當地同志們早有路子，只要肯出價錢，就到了手。但是要從天津將武器炸藥運往北京，並轉運遵化，這便是一個艱險的工作。幸得一個廣東同志侯東明（曜），他的國語說的很好，而他是電影導演，常往來平津，攝取鏡頭，無人不知他是戲劇界中人，他的太太濮舜卿也是同志，同他一道活動；我（按：李璜）與他夫婦商量運輸的事，難得他倆對這危險工作，一口承認」。

1933 年，李璜向張學良推薦翁照垣才堪大任，可付重託，張允撥一師軍隊與翁。時翁寓居香港，李璜以茲事體大，為求慎重安全，知侯曜神通廣大，乃再託侯曜至香港，秘密掩護翁北上，不要令南京方面發現。侯曜膽大心細，不辱使命，卒順利護翁北上，就117 師長職，助張抗日。是年 5 月 31 日，中日「塘沽協定」簽字，政府屈於日寇壓力，積極取締逮捕在野抗日派人士。6 月初，翁以無法立足華北，于學忠密告李璜促翁速離，李乃又託侯曜陪翁即刻離京，直赴魯省濟南，暫時棲息。6 月中旬，侯曜偕翁由濟南往青島，匆晤李璜一面，請纓救國無門，懷滿腔悲憤，痛飲一場而別，遂由海路直航香港。南國飄泊生涯，侯曜就此曾賦詩一首：「酸甜苦辣都嘗遍，冷暖人情祇自知，南北東西雙腳健，半囊書劍半囊詩」，書生本色絲毫不改。

1934 年，侯曜在香港為「聯華」影業公司開辦兩屆的「演員訓練班」，培養出相當多優秀的國語、粵語演員。時青年黨員關楚璞在香港主持《循環日報》、《循環晚報》及《工商晚報》筆政，侯曜以青年黨員關係；兼亦需要靠寫作維持生活，故常有作品披露於上述報端。膾炙人口的長篇小說有〈沙漠之花〉、〈珠江風月〉、〈理想未婚妻〉、〈血肉長城〉及發表在《循環晚報》的〈摩登西遊記〉等。其中以〈摩登西遊記〉最為有名，深獲讀者喜愛。在該小說中，

侯曜以通俗化文字，描寫人性的愛惡情慾，刻劃入微，其中又加入一些佛偈經訣，將《西遊記》中四師徒的遭遇，夾雜在人間形形色色的現代化「聲色犬馬」的生活中，嬉笑怒罵隨意所之，極盡荒唐怪誕之能事，此書後來出過單行本，一共有三集。

1935 年，侯曜繼續在《循環晚報》和《工商晚報》撰寫短評，也確實瘋魔了不少讀者追讀。其中在《工商晚報》連載的長篇小說〈太平洋上的風雲〉，是其於「9‧18」前後，在東北、天津等地，所蒐集親歷親聞的文獻資料。如〈田中奏摺〉的內容，日人機關報《盛京時報》，和國人自辦的《遼寧日報》的記載，〈國聯調查報告書〉摘錄張學良的急電稿等。此外，東北前線下級軍官在錦州發出的〈聯合宣言〉，「偽滿」新政權的傳單內容，國難痛史資料，偽滿〈建國宣言〉，義勇軍秘密機關的文件等，均收集在內。另加上侯曜自己多年寫成的詩詞歌賦，借男主角夏青霜和女主角馬碧珠的口裡款款道出，寫一對為國忘家捨身報國的青年男女的悲歡離合，一共十二回，於是年 5 月 14 日脫稿，後有單行本問世。

1936 年，侯曜應聘至青年黨所辦的西南中學擔任「人生哲學」、「倫理學」、「教育概論」之講師，每天且要寫上十篇以上的文章，包含各報的小說和評論，一時成了多產作家。1937 年間，侯曜糾集關楚璞、黃育根、黎伯梃、伍華等人，開辦了一間「生活新聞學院」，院址設於香港堅尼道 88 號 2 樓，侯曜自任院長，學制為兩年畢業。學院利用每天夜間上課，每月學費五元，曾經請過姜西園、薩鎮冰、陳望道、陳伯流等人演講過，初時有學生三十餘人，後以經費短絀漸漸不支，僅餘若干人，連房租亦不易維持，最終陷於停頓。

1938 年，侯曜與關楚璞將新聞學院結束，改為「陽秋通訊社」，主要工作係以分頭找新聞，發稿給幾家大報以勉強支撐。1939 年，侯曜得港紳富商杜其章助，將「陽秋通訊社」改組為「香港文化事

業社」，杜其章為董事長，侯曜負責社務。開幕時還在彌敦道新新酒店舉行名人書畫展五天，並出版《二十世紀》雜誌，兼亦承辦《循環日報》的《香海文藝》和《兒童》兩個週刊，且不時派遣一部份學員至《循環日報》當練習記者，頗有一番建樹。

1940 年，適有南洋華僑某富紳至香港要拍電影，對侯曜的〈沙漠之花〉相當賞識。侯曜於是重新將該劇編導，由吳楚帆、黃笑馨主演，四處公演相當賣座。是年底，侯曜因對電影未曾忘情，乃自己集資和一班朋友組成一家「文化影業公司」，開拍他的另一部作品〈珠江風月〉，由鄺山笑、林妹妹、黃曼梨、黃壽年主演。該戲情節描寫一位海員到處留情的風流生活，而故鄉癡情女子「珠姑」死心塌地的為他犧牲一切，最後浪子回頭終於回歸其懷抱的故事。未幾，侯曜又拍了〈理想未婚妻〉、〈太平洋上的風雲〉、〈血肉長城〉等部電影，唯口碑參差不一。

1941 年，侯曜拍戲路線有了轉變，逐漸走上神怪民間故事的路子，然民眾並不青睞。在香港片場路子走得不甚暢順的時候，又適值太平洋戰爭爆發，侯曜乃和女秘書尹海靈一道赴新加坡，在新加坡主持馬來亞語片的導演。1945 年，抗戰勝利前夕，侯曜遭人檢舉，不幸於新加坡為日軍捕殺，享年 46 歲。

侯曜一生是以通俗淺顯的劇作著名，其劇本是當時各演出劇團所採用最多的。著名劇本有《復活的玫瑰》、《山河淚》、《棄婦》、《春的生活》、《離魂倩女》、《春閨夢裡人》、《偽君子》、《一串珍珠》、《摘星之女》、《頑石點頭》等；另有歌劇《復活的國魂》和專書《影戲劇本作法》；小說則有《沙漠之花》、《理想未婚妻》、《太平洋上的風雲》等書。以未及半百之壽，能有如此成績，可謂著作等身。

曾經的青年黨員

———盧隱———

　　以《海濱故人》一書享譽文壇的盧隱，因其早逝已為人所淡忘，文名亦不如冰心響亮。但在三〇年代，她可是與冰心齊名的作家，就其在文學界的知名度和活躍的程度言，甚至遠在冰心之上。盧隱（1898-1934），本名黃英，福建閩侯人，與冰心為小同鄉，盧隱是她寫《海濱故人》所用的筆名，據盧隱北京女高師同學蘇雪林說，盧隱之筆名，蓋取隱藏廬山真面目之意。與冰心一樣，出名後人但知有冰心，不知有謝婉瑩；只曉得有盧隱，卻陌生於黃英。

　　歷來寫到盧隱的文章，不是述其與郭夢良、李唯建轟轟烈烈的婚姻，就是惋惜其因難產而早逝，但對其曾經加入過青年黨一事，除秦賢次先生於〈民國人物小傳———黃盧隱〉寫到：「在北平時，加入中國青年黨，但很少參加實際黨務工作」寥寥數字外，其他無論是陳敬之、趙聰、唐紹華、李立明、周錦、司馬長風、劉心皇、姜穆、謝冰瑩等人的現代文學史，或懷舊憶往之作均未提及。尤其是同為知名女作家且為摯友的謝冰瑩，在其書中亦皆未說到。由此可見，盧隱生平的若干活動，彷彿廬山雲霧般，確有不為人知的一面。筆者研究青年黨二十餘載，在過去爬梳蒐集整理青年黨的史料中，曾有幾則有關盧隱加入青年黨的記載，茲提出以供參考。

　　已故青年黨文化工作者陳善新（筆名柳浪），在其主編的《青年生活半月刊》第 2 卷第 3 期（民國 37 年 2 月 1 日）「文化公園」欄，曾對青年黨文藝作家做一「點將錄」的回顧。他說：「中國青

年黨之前期文藝作家，有胡雲翼、劉大杰、田漢、唐槐秋、左幹臣、袁道豐、何仲愚、宋樹人、李輝群、盧隱、徐懋庸、方敬、何其芳、姜華、魏思愆、侯曜、春暉……等人。後期文藝作家有張葆恩、左華宇、拾名、陳秋萍、辛郭、徐沁君、許傑、周蜀雲、田景風、王秋逸、王維明、王慧章等人」。其中尤以盧隱，在中國新文學史上，可說大名鼎鼎，曾與冰心、蘇梅齊名，號稱是「五四」新文學以來，最有名的三位女作家。

　　筆者與柳浪先生熟識，二十餘年前曾時相過從，當年曾以盧隱是否真為青年黨員相詢，先生仍斬釘截鐵的肯定為「是」。又青年黨後期文藝作家周蜀雲女士，曾於戰後青年黨的刊物《青年生活半月刊》第 1 卷第 19 期（民國 36 年 9 月 1 日），撰寫〈憶盧隱〉一文，內中詳論盧隱加入青年黨的經過。周文言：「到了北京，她（按：指盧隱）住宣外下斜街親戚家，我們住北大附近之中老胡同，彼此因教書讀書各有所忙，兼之相距較遠，總是十天半月才相見一次，記得她那時除了教書外，還隨時為晨報副刊撰文，由於生活的忙碌，有規律，她的精神似乎比較安靜，思想積極了些，我們經過一個相當時期和她研討國事，並介紹了幾位青年黨中對於文學有興趣的同志如姜蘊剛先生等與她多次接談，她終於贊同了我們國家主義者的主張，而毅然加入中國青年黨，青年黨在當時是秘密組織，對外沒有公開，但我相信外界人士，誰也不會料到盧隱是加入過青年黨的。」

　　盧隱在《晨報副刊》曾發表一篇名為〈文學與革命〉的文章，其實此文是她應青年黨同志姜蘊剛之邀，在姜主持的「愛國中學」之演講詞。以盧隱敢愛敢恨的剛烈個性，在當時黑暗殘暴的軍閥政治下，凡有血性的青年學子，誰不想救國救民呢？何況文學家又是最熱情敏感的，因此盧隱加入彼時強調「內除國賊，外抗強權」，主張對內打倒軍閥，對外抵抗帝國主義的青年黨，似乎也在情理之

中。此外，劉大杰為廬隱知心好友，在〈黃廬隱〉一文中還指出：「《海濱故人》是廬隱前半生的自傳，露沙就是廬隱自己。」以劉大杰當時已是青年黨員的身份，廬隱受其影響而加入青年黨，可能性也是很高的。

另蔡義忠於〈一生坎坷的廬隱〉文中，亦提到廬隱曾受郭夢良的影響，一度傾心於社會主義的虛無主義；後受曾琦、李璜所倡導的「國家主義」影響，正式加入青年黨組織。當然最具權威性的記載，當屬同學兼同事的蘇雪林，在〈「海濱故人」的作者廬隱女士〉一文中提到「廬隱五四後的思想，受郭夢良的影響，傾向於社會主義，後來忽主張國家主義，並正式加入曾琦李璜所倡導的國家主義集團。」（蘇雪林，《文壇話舊》，台北：文星版，頁49。）這是筆者所見四則有關廬隱曾加入過青年黨的資料，因為研究撰寫廬隱的文章或專書多矣，敘其生平詳論其事跡也甚多，然幾乎不曾有人提起廬隱曾為青年黨員這一件事，故提供上述四則資料，以供佐證。

顧頡剛的永恆戀人
——譚慕愚——

　　2007 年 5 月，《顧頡剛日記》的出版，曾引起兩岸學術界；尤其是史學界的高度關注。洋洋灑灑的十二卷日記，詳細記載顧頡剛悠遊學海豐富多采的一生，其日記雖不及《胡適日記》的轟動，但也為後人留下諸多可供參考的權威資料。《顧頡剛日記》不僅詳述其「疑古思想」之脈絡，其與胡適之親密關係；而何以最終「始親後疏」之始末。尤其難能可貴的是，《顧頡剛日記》如同蔣介石、吳宓日記般，內中也毫無保留的披露他的豐富情史，其中尤以他畢生愛慕的永恆戀人——譚慕愚為最。

　　有關這段「柏拉圖式」的情史，余英時先生在日記導讀出了一本專書《未盡的才情——從『顧頡剛日記』看顧頡剛的內心世界》與蔡登山先生的〈五十年來千斛淚——顧頡剛的感情世界〉均有所論及。余英時先生在書中訝異譚慕愚的資料太少，以至於其想多論述也不可得。蔡登山的文章，對譚慕愚的生平則介紹較詳，可稍補余文之不足。筆者研究青年黨二十餘載，昔時常與青年黨諸前輩暢談該黨歷史，對譚慕愚之名早已如雷貫耳，毫不陌生。

　　原因何在？一則當年「巾幗不讓鬚眉」的譚慕愚，曾在北大以身保護李璜之舉，李幼老曾不止一次的親口告訴筆者。二則譚慕愚曾加入過青年黨，其慕愚之名，相傳是因欽慕曾琦而改（曾琦筆名愚公，黨號移山；象徵取法愚公移山之不畏艱難之精神）。三則青年黨內女性同志並不多，譚是少數之佼佼者，故青年黨先賢常提及

之。然坦白說，譚慕愚之資料確實是相當少的，青年黨黨史述及亦不多，坊間對其所知更是寥寥，故筆者想略敘譚慕愚與青年黨之關係，或可對譚之生平事跡有多一點的補白。

譚慕愚（1902-1997），後改名譚惕吾，字健常，湖南長沙人。清光緒 28 年（1902）生，父譚雍，為一革命青年，曾留學日本。慕愚自幼聰穎，初小畢業後，因家道中落而失學在家。然慕愚上進之心未泯，自學考取公費的湖南省立第一女子師範學校。1919 年「五四」運動爆發後，全國各地響應北京學生的「三罷運動」（罷學、罷工、罷市），湘省長沙自不例外。時慕愚作為女師「樂群會」之代表，亦積極參與湖南學生聯合會的成立大會，於會中並被推舉為主要負責人之一。尤其在湖南驅逐軍閥張敬堯的「驅張運動」中，慕愚更是發揮巾幗英雄的本色，舉凡遊行罷課、抵制日貨、組織聯絡、四方奔走等工作，她都不落人後，幹的有聲有色。在「驅張運動」成功後，慕愚也成了湖南學界的風雲人物，博得同學一致的敬佩。

1923 年，譚慕愚金榜題名，考進人人稱羨的北京大學，同時亦考取了南京東南大學和天津南開大學，三校及第，學林為之側目。慕愚選擇就讀北大，她晚年回憶時說：「我在北大預科時，顧（頡剛）先生叫我學歷史。我在歷史科，讀了半年，後來還是轉到法科去了。」1924 年 2 月，北京國立女子師範大學，爆發了上世紀二〇年代著名的「女師大風潮」。事情源於該校新校長楊蔭榆與學校部分教師處不好，又蠻橫的開除學生，和學生自治會起衝突，而導致風潮漸起。此風潮背後原因複雜，有北大兩派教授的角力，又有支持楊蔭榆的教育總長章士釗的決定停辦女師大，準備將其改為國立女子大學之舉，使得風潮愈演愈烈。

此事件引起社會高度的關注，青年黨的《醒獅週報》連篇累牘的聲援學生，而譚慕愚也不落人後的積極參與其中。1925 年 9 月 8 日，譚義憤填膺的寫了一封信投書給曾琦，題為〈關於北京教育界

及女師大風潮的一封信〉，刊載於民國 14 年 9 月 19 日《醒獅週報》第 50 號上，由於此信非常珍貴，特全錄於下：

「慕韓先生：近年來中國的事無一不糟，就是神聖的教育也弄得穢氣騰天，這是多麼可痛的事！北京的教育界素來以糟糕著名，黨閥的傾軋，名流的把持，政客的利用，無一不有。一個學校裏聘請教員，不問他的學問怎樣，但問是己黨或異黨，是己黨則雖極庸陋的人，也必自相標榜，拉進學校來；是異黨則雖極賢明的人，也必盡力排斥；如果是無黨無派的人，憑他學識怎樣高明，也莫想伸足於學校之中。因此真正的人才一天天減少，學閥中的份子一天天增多。一班稍微清高有學問的人，不甘願同流合污，更不甘願卑身屈就，自然不甘入學閥之中，大凡結黨營私的都是一班無恥之徒，因此教育界的穢濁，簡直非筆墨所能形容。如此還說是辦學校為著培養人才，簡直是夢話！還有一班所謂名流，他們在校中結黨營私是一樣的，更加上把持和利用。他們名為名流；實為政客，遇著政治上有何活動，或希望打倒政台上什麼人的，就把學校做活動的進身階，就把學校為倒別人的利器。因此一個學校常常在政潮中轉旋，教育為了政治的役僕，學潮混入了政潮。如此的教育還有什麼希望！他們既然鬧黨閥的傾軋，政潮的打混，自然需要許多替他們奔走呼號的小嘍囉，於是不惜聳動一些學生，做他們的工具，學生方面因為從了如此的師表，隨時觀摩，也就將一些寡廉鮮恥的作為，習以為常，甘願為這班濫名流的小卒了。而政客又從旁利用，爭以價取，於是這班號為純潔的青年，簡直被兩重糞坑重染得穢臭不堪，教育界的墮落一天天加深。這次北京女師大的風潮足以證明以上的種種現象。風潮的起點大多數的學

生都是希望學校改良，確實抱著以讀書為目的的。如果該校的教職員，以學校為念，以教育為重，協助楊氏將學校改良，滿足學生的正當要求，則此次風潮無由發生。隨後學生對於楊氏不滿意，如果沒有少數教員利用學生為打倒楊氏的工具，則此次風潮早已平息，并且楊氏也不致任用意氣，死守不去。此次章士釗登台，如果沒有人利用學潮以鼓勵政潮，頂著女師大為打倒章士釗的工具，則女師大的解散，無機爆發。所以女師大的風潮鬧到如此田地，學閥和利用學潮的名流，委實不能辭咎。現在北京的輿論只攻擊章士釗，而未責及學閥和一班利用學潮的假名流，這是我認為失公正的地方。我以為這次風潮中的楊章固然該受攻擊，但學閥的傾軋，假名流的把持和利用，也是應該受攻擊的。如果單在治標上面著想，驅逐章士釗，則將來學閥的勢燄愈熾，名流的把持益固，恐怕較章更壞的人乘機而出，而教育界更無開明的希望。章士釗不對，學閥也不對，濫名流惡政客也不對。如果我們想打倒章士釗而甘受偽名流的利用，那麼就是驅狼引虎的辦法。如果為著鏟除教育界的敗類而借用章氏的力量，又是驅虎進狼的辦法。現在北京方面所做的工作，就是驅狼進虎的辦法，北京的教育真是沒希望！真正維持教育，愛護教育的人，應當站立在超然公正的地位，用自己的良心，向兩方面下以攻擊，庶幾正義得全。以上是北京教育界暗幕中的大略情形，在北京方面的報紙是不讓發表的，有的肯發表，而我又不願在牠上面公佈。祇有醒獅素來態度公正，無所忌畏，無所顧全，故寫此篇以祈公佈。

> 　　　　　　　　　　譚慕愚上
> 　　　　　　　十四、九、八，北京。」

　　由此信可知，彼時的譚慕愚已非常早熟，對整個「女師大風潮」的真象，剖析的有理有節，洞若觀火。並且其應該經常閱讀青年黨的《醒獅週報》，對該週報立論之公正是深具好感的。至於譚之加入青年黨可能也是於此同時，此事與李璜有關，原因為譚在北大肄業期間，也是青年黨領袖李璜於北大任教之時，譚與青年黨發生關係即於此際。事情緣於 1925 年 9 月，李璜應北大歷史系聘講授西洋史，之前李已在武漢大學教書一年。

　　李之所以接受北大聘書，事前曾與黨魁曾琦討論過，曾琦認為北大乃五四運動後，北京學生運動的大本營，到北大後可以為青年黨物色到政治活動比較精幹的分子。時北大已有主張國家主義運動的「國魂社」團體，李璜說：「我於民十四的九月初到了北京之後，一與國魂社的同志接觸，乃大出我意料之外。北京究竟是當時青年大學生的政治活動中心，因此這班加入國家主義初級組織分子，都是大學生，不但讀書讀得很不錯，頗有見解，而且對於政治活動與組織，說來頭頭是道，比我內行得多！如夏濤聲、林德懿、譚伯揚、林炳坤、劉天樞、廖虹甫、龔從民、謝承平、紀清漪（女）、譚慕愚（女）等北大學生。」

　　其後清華大學、中國大學等不少知識青年也跨校加入「國魂社」，李璜以時機業已成熟，乃請示青年黨中央，決定成立「中國國家主義青年團北京團部」，為青年黨在華北最重要的黨務活動組織。以譚慕愚先前在湖南「驅張運動」的表現，其在「國魂社」的重要角色，應該是無庸置疑的。為此筆者找到一條最權威的線索，當年「國魂社」要角王師曾，在四十多年後曾追述此事經緯。

　　王在〈論國魂〉文中提到：「民國十三年年底至十四年年初之間，北京各大學的學生，有我和林德懿、夏濤聲、姜蘊剛、周倫超、余華嶽、劉肇文、譚慕愚等，閱讀《醒獅週報》甚為感動。林德懿兄以與曾慕韓先生誼屬姻親的淵源，首先與慕韓先生通信，隨著就

有李幼椿先生於十三年寒假期間，由武昌到北京來與我們這一夥人
晤談。由是我們這一夥人就加入當時尚屬秘密活動準備革命的中國
青年黨，拓殖青年黨北京、天津、保定一帶的黨務基礎。青年黨北
京黨部於十四年春成立之始，決定組織一個標榜國家主義的團體，
發行定期刊物，以與醒獅週報相呼應，作為青年黨的外圍組織。這
個團體經命名為『國魂社』，其所發行的刊物名為《國魂週刊》。國
魂社成立宣言，經推定由我（王師曾）起草。」王師曾此回憶文章，
雖與李璜的《學鈍室回憶錄》有些許差異，但為我們證實了譚慕愚
不僅是「國魂社」的骨幹分子，還是原始發起人之一。

　　1926 年 3 月，因蘇俄自「十月革命」以來，實行共產，沒收
我旅俄僑胞財產淨盡，並恣意加以虐待殺害，引起北京各界憤慨。
彭昭賢親訪李璜，請其主持公道，李乃與張真如、袁守和、邱大
年、余上沅、常燕生、聞一多、羅隆基等教授和國家主義青年團
與「國魂社」主持人夏濤聲、林德懿、李樸、譚慕愚等北大學生舉
行座談，決定召開「反俄援僑大會」，準備和共產黨大幹一下，會
中眾推李璜、聞一多、常燕生、邱大年、羅隆基為主席團，李璜
任主席團主席。

　　3 月 10 日下午 2 時，「反俄援僑大會」如期在北大第三院禮堂
開會，會前青年黨已做了周全準備，主席台後門最重要。李派台灣
籍的林炳坤與譚慕愚負責守主席台後門，因林身高力大，而譚係北
大女生，當時風氣，對於女子尚不敢亂下拳頭。先前由聞一多領導
的「反日俄進兵東省大會」遊行，亦是譚大呼幾聲而嚇退共黨的，
可見譚的威名遠播。當天開會結束欲散會之際，共產黨果前來鬧
場，聞一多、邱大年等迅速離去，亂軍中有人持刀衝向李璜，霎間
石頭瓦磚齊飛，椅子變成棍子相打，保護李璜的林炳坤遭到圍毆，
幸譚慕愚以身護之，李璜才得以脫困，譚之勇氣與無畏，於此可見
一斑。

李璜之回憶，當時可說是極少數留學北大的台灣人林炳坤，事後也有如實的追記，林在 1952 年 1 月 1 日《民主潮》第 2 卷第 6 期，發表〈北平反俄援僑大會的回憶〉一文，敘述會場混戰情形，「開會時守主席臺的有周道、戴慶雲、陳介卿、夏濤聲、王師曾、姜文光、林立、謝卿墨、劉天樞、廖虹甫等二十餘人；守會場中心地點的有李天福、譚慕愚等領導農工民眾多人，其餘同志，分佈會場四隅；惟我獨當一面，擔任主席臺後門的防守，以拒敵人（指共黨分子）從後門衝入主席臺。」林之回憶較李璜尤為詳細，其中均有譚慕愚，可見譚在此事件中，以其一介女流更顯突出。難怪顧頡剛在給好友俞平伯的信上，要讚美譚是個「性情極冷，極傲，極勇，極用功，極富於情感」的女子。

譚慕愚勇於任事的精神，讓李璜留下良好深刻的印象，所以當 1926 年底，李璜已轉赴四川成都大學任教時，除以「惕社」為中心，成立中國國家主義青年團四川團部外，復調北大畢業的譚慕愚前來重慶二女師任教務長，暗中積極為青年黨吸收成員與組織青年。此事《顧頡剛日記》於 1926 年 6 月 12 日曾有所記載：「慕愚來，謂不久將到四川重慶任女子師範課，即在那邊整理黨務，須作一年別。」而譚也真的不避國民黨的偵緝，公然於校內宣揚國家主義，替青年黨秘密吸收黨員而遭致國民黨逮捕。《顧頡剛日記》為我們留下紀錄，1928 年 6 月 20 日，顧於日記上言：「今日下午十一時，慕愚為南京公安局所捕，以她在女子第一中學，提倡國家主義，詆毀國民黨，為市黨部政治訓育部檢舉，交公安局逮捕，並謂無論何人不得保出，將以反革命治罪。」顧頡剛以「慕愚一腔熱血，不幸為曾琦所用，作此無病呻吟，致陷刑獄，有野心之人以他人為犧牲，真可恨也！」

此處當然顧頡剛對青年黨及曾琦有所誤會，但顧仍竭盡所能的予以營救，而譚在獲救出獄後東渡日本，至東京高等女子師範學校

深造，其與青年黨短暫的緣份，似乎就此劃下休止符，蓋以後不管是青年黨歷史，或各別領袖人物的記述，都未再提及譚慕愚這個人。但譚與青年黨人仍甚友善，1933 年，譚隨內政部長黃紹竑赴綏遠考察，回來後寫成《內蒙之今昔》一書，譚將此書歸功於夏濤聲、顧頡剛、楊秩彝等人之襄助，可見此時譚與若干青年黨人（如同學夏濤聲等）仍有所往來矣！

　　譚從日本回國後，對學術研究漸感興趣，尤其在 1931 年，她進入政府部門內政部工作後，對邊疆問題更是關注。而譚此時亦改名為譚惕吾，她無怨無悔的在內政部工作，有一傳聞為譚與部長黃紹竑之親密關係。葉永烈在《反右派始末》書中言：「一九三三年黃紹竑赴內蒙古巡視時，調她做為隨員，從此她與黃紹竑有了密切的關係，以至成為黃紹竑的『感情的俘虜』。」沈育光於《我所見的靠攏人物》書中，談到黃紹竑時也說：「黃的風流事蹟，並不因在紅朝失意而減少，他與『民革』女中委譚惕吾，也往來甚密，黃公館常有譚的芳蹤。」總之，譚追隨黃二十餘載，葉永烈認為譚之所以拒絕顧之求婚，或與此有關。

　　譚於 1945 年加入中國民主革命同盟，1949 年還幫助中共華南局，勸黃紹竑脫離國民黨北上參加中共的「新政協」。1957 年「反右運動」爆發後，譚因過去青年黨關係，遭到「民革」內部熊克武、朱蘊山、楚溪春、錢昌照等人嚴厲的批鬥。1958 年，譚被劃為大右派分子，但她剛毅的個性，發言仍強硬不服罪，毛澤東稱其為死硬派，負隅頑抗等待著看吧！「文革」風暴起，譚以其「右派死硬」背景，批鬥折磨在所難免，但她終於熬至「文革」結束。

　　1979 年 2 月，譚之右派帽子摘除，隔年 1980 年 12 月，終身愛戀譚慕愚的顧頡剛逝世，享年 87 歲。十七年後的 1997 年，譚以 95 歲高齡，也走完她風風雨雨的一生。顧一生結婚三次，譚則終身未婚，他們的戀情雖無結果，但顧半世紀之深情痴愛仍是感人至

深的。顧、譚之「有緣無份」，或與雙方個性南轅北轍有關，譚有男子氣慨，早歲熱衷愛國救國行動，舉凡「五卅慘案」、「三一八慘案」之遊行示威，幾乎都有譚之蹤影。而顧為一敦厚學者，沈浸學問，不熱衷於政治運動。譚之政治理念有三變，始而參加極右反共之青年黨，與聞一多有雷同處；繼而加入國民黨，或與黃紹竑有關；晚則同情共產黨，但並不認罪共產黨所加諸罪名，其一生高潮跌宕起伏，可謂深具戲劇性之傳奇女子。

交誼匪淺的兩位理性知識份子

——胡適、常燕生——

　　胡適一生交遊滿天下，舉凡國內外學者名流、文人雅士、政黨領袖、青年學子、平民百姓；甚至三教九流江湖術士，大家莫不眾口一聲「我的朋友胡適之」，由此可見胡適朋友之多及人緣之好了。在胡適眾多朋友間，與青年黨的交情是比較淡漠的，接觸較多的大概為李璜與常燕生兩位。李璜係因其與胡適同為「北大人」，故有所來往，常燕生則因與胡適有共同的學問癖好，所以常以文章和胡適交流，其他若曾琦、左舜生、余家菊、陳啟天諸青年黨領袖，與胡適來往就少了。有關常燕生與胡適的交誼，應該起於常還是學生時代的五四時期。

　　常燕生（1898-1947）本名乃悳，字燕生，後以字行，山西省榆次縣人。北京高等師範學校畢業，學生時期即積極參與新文化運動和五四運動，為新文化運動中嶄露頭角的志士之一。肄業北京高等師範史地部時已投稿《新青年》，與主編陳獨秀討論新舊文化問題，甚得陳獨秀的激賞。胡適亦為《新青年》的主編之一，常在該刊發表文章，胡適不可能不知道；及至「北京學生聯合會」成立，常又當選為該會教育組主任，並參加在新文化運動中，頗具知名度的「國民雜誌社」，一度出任編輯。《國民》雜誌當時的影響力僅次於《新青年》和《新潮》雜誌，常為該刊骨幹份子，自然也會引起胡適的注意。同時他還經常為《平民教育》周刊撰稿，以胡適之愛

才及關注學生，諒不會不知道常燕生這位學生風雲人物，唯彼時雙方似乎還無正式往來。

據台北聯經出版社發行最完整的《胡適日記全集》第三冊載，胡適首度在日記提到常燕生，是在 1922 年 5 月 25 日，胡適在日記寫下「下面載的一篇〈反動中的思想界〉，真是有卓識的文章，遠勝於我的前作。這是我叫孫伏廬轉載在《晨報》上的。燕生不知是何人。」胡適其後於 5 月 28 日補註：「玄同說，燕生是常乃悳。」胡適此註恐有二意，一為其完全不知常燕生或常乃悳為何人？二為其識常乃悳，但不知常燕生實係常乃悳之字號，筆者推測較傾向後者。此文是常燕生發表於是年 5 月 9 日《時事新報》的副刊「學燈」之上，時燕生正在上海吳淞中國公學附屬中學教書，以一個中學教員，在當時水準甚高的《時事新報》副刊「學燈」，發表〈愛的進化論〉、〈北京與上海〉、〈反動中的思想界〉、〈虛無主義與中國青年〉一系列擲地有聲的鴻文，引起了學術界的關注，自是預料之中。

常撰寫〈反動中的思想界〉一文，是緣於《晨報副鐫》仲密先生〈思想界的傾向〉一文之反響，文中除針對當時中國流行的「國粹主義」提出批判外，更深刻之處在於常以為真正的反動潮流，恐怕要在新思潮內部去找。常以民國初年政象為例，說到反動復古運動，主其事者並非食古不化之遺老，反而是一般革命黨立憲黨之留洋學生，這其間的緣故大可以深思。常認為舊思潮的偶像雖然打破，但舊思想的實質仍在，而反動的最初樣式，大約都是把虛名讓給新思潮而舊思想則居其實際，以後經過幾次的「反動的反動」之後，實質才會慢慢變化的。我們欲求反動的主潮，還須於這種「掛著新招牌賣舊藥」的潮流中求之。

常於是就政治、學術、文學等面向，批判這種「掛著新招牌賣舊藥」的現象。最後更老實不客氣地說：「這幾年的思潮改造運動的結果，真正能澈底了解西洋化的真面目與他的需要的，我覺得除

了《新青年》雜誌社的陳仲甫、胡適之及周啟明昆仲以及《新潮》社的傅斯年、羅家倫諸位先生之外,仍然不見一個。」文章肯定胡適於思潮改造的貢獻,而常所舉之事端,想必胡適亦心有同感。以當時聲名正如日中天的胡適,能讚美一個年僅二十餘歲的年輕後輩文章,甚至讚譽其文遠比自己好,僅此一點,亦可知胡適獎掖後進之襟懷,與常燕生此文在胡適心目中之份量了。

1922 年 5 月 7 日,胡適與其志同道合的朋友丁文江等人於北京創辦《努力週報》,開始了胡適的論政之聲。在《努力週報》第 2 期,胡適與蔡元培、王寵惠、羅文榦、李大釗等人,發表〈我們的政治主張〉一文,提倡所謂的「好人政府」,引起很大的回響。因胡適之前在回國時,面對變幻莫測的民國政局,一直抱持不談政治、不幹政治,在從事政治改革之前,應先致力於文學、思想、社會的改造之主張;甚至提出「打定二十年不談政治的決心」。今創辦《努力週報》,堂而皇之公開議政,自然引起一些人對其先前主張之質疑。

於是信函如雪片般湧進「努力週報社」,當時在眾多投函中,常燕生亦於是年 6 月 2 日,寫給胡適一信,這應該是常致胡適的第一封信,此信刊載於《努力週報》第 7 期。信中常對胡適提出幾點建議,首先是常以為《努力週報》既然是個論政刊物,其他一些不相干的文章,如〈紅樓夢考證〉、〈基督教在歐洲歷史上的位置〉等一類文章,實無刊載必要。常解釋道,不是思想文藝不重要,而是大凡要鼓吹一件事情,總是把全副精神集中為是,文藝思想方面的東西,不妨另辦刊物宣傳,犯不著與政論刊物混在一起。此外,就算稿源不濟也沒關係,高一涵、張慰慈諸先生均能寫政論文章,甚至全部由胡一人包辦亦可。

總之,常認為「民國六年的時代從政治鼓吹到思想文藝是很正當的,現在卻又應當轉過來從思想文藝鼓吹到政治才行。先生若能迎著這個趨勢首先領著大家往前走,……已往的趨勢是上山的,從

工藝到法政，從法政到思想文藝；現在到了山頂以後，便應當往下走了。我們現在只能走這政治的一步，過了這一步再走到工藝的一步，只有科學工藝是康莊大道，但你非過了這政治的一關不成，……則努力週報的功勞必不在新青年之下。至於別人的造謠攻擊倒算不了什麼一回事。」常函似乎對外界攻擊胡適論政之事，給予胡適支持與鼓勵。

而胡亦於同期刊出〈我的自述〉一文予以答辯，文中胡首先針對梅光迪、孫伏園及常燕生三人來信說：「梅先生是向來不贊成我談思想文學的，現在卻極贊成我談政治；孫先生是向來最贊成我談思想文學的，現在很誠摯的怪我不該談政治；常先生又不同了，他並非不贊成我談思想文學，他只希望我此時把全副精神用在政治上。──這真是我的歧路了！」接著，胡強調他是一個注意政治的人，1919 年陳獨秀被捕後他接辦《每週評論》，方才有不能不談政治的感覺。胡說：「我是一個實驗主義的信徒，我現在的談政治，只是實行我那『多研究問題，少談主義』的主張。我自信這是和我的思想一致的，我談政治只是實行我的實驗主義，正如我談白話文也只是實行我的實驗主義一樣。」胡適最後以「我很承認常燕生的責備，但我不能承認他責備的理由」來自我解嘲。

1926 年 7 月 5 日，《現代評論》第 4 卷第 83 期，登載了胡適的〈我們對於西洋近代文明的態度〉一文，引起了向來關注文化問題的常燕生之興趣。一個月後，常亦於《現代評論》第 4 卷第 90、91 兩期，發表〈東西文化問題質胡適之先生──讀「我們對於西洋近代文明的態度」〉長文，文中常認同胡替近代物質文明的辯護，其中對胡適說：「西洋近代文明絕非唯物的，乃是理想主義的及精神的」之說，尤為激賞，常甚至認為應將胡此文印成小冊子，給那些滿腦子國粹思想的國粹家看看，可能會有點效果。但是常對胡此文也有不認同的地方，因此提出來就教於胡。

　　首先常認為胡對「東西文化」或「近代文明」的定義不清，不知胡所指的東西兩大文化不同之處是「東西地域之不同」或「古今時代之不同」呢？胡似乎界定不清楚。另外，常強調其個人對文化問題之意見，「向來主張世界上並沒有東西文化之區別，現今一般所謂東西文化之異點，實即是古今文化之異點，所以拿東西文化來作對稱的研究，實在根本不成理由。」接著，常即長篇大論侃侃而談他對文化問題的看法，胡適事後似未予以回應，但對一個未及而立之年的常燕生，胡適肯定印象非常深刻的。

　　1928 年 4 月 19 日，常於《民國日報》的「覺悟」副刊，寫〈再論『整理國故』與『介紹歐化』〉一文，對胡適提倡以科學方法來「整理國故」，及胡適終日只會將精力放在作些考證文章上，提出頗為嚴厲的批評。文中常講到「『整理國故』，誰也知道胡適之先生是第一把能手了，可是他整理國故的結果，給與了中國現代的國民以何種影響呢？將一部《紅樓夢》考證清楚，不過證明《紅樓夢》是記述曹雪芹一家的私事而已。知道了《紅樓夢》是曹氏的家乘，試問對於二十世紀的中國人有何大用處？……胡先生是贊成墨家的『為什麼』思想的，試問他的做《紅樓夢》考證是『為什麼』？固然『無所為而為』的治學精神也未嘗沒有道理，但那是承平之世的勾當，在亂世的學者應該是抱『為人生而研學』的態度才是。」

　　「固然考證了一件小小的事情給國人訓練明辨的論理思想也未為不是，但其影響總未免太小了。」最後常燕生不無惋惜的責備胡適說：「以胡先生已往的地位、聲望、能力論，他對於中國國民的貢獻不應該是這樣渺小的，不著緊的。《紅樓夢考證》之類的作品確是一種『玩物喪志』的小把戲，唱小丑打邊鼓的人可以做這一類的工作，而像胡先生這樣應該唱壓軸戲的人，偏來做這種類工作，就未免不應該了。」另外，在同篇文章中，常也對胡適對墨家哲學和戴東原哲學的高估，提出不以為然的看法，他認為墨子

之「名學」，無論在古代如何進步，但就現今看來，實毫無價值；而《戴東原的哲學》一類的東西，實在是「託古改制」的作品，但在今日改制已用不著去託古了，痛痛快快創造自己的哲學，豈不直捷了當。

平情言，常之批評流於苛刻，且有「以偏概全」之病。然這也是胡、常治學路向不同所致，與常介於師友間的黃欣周在編《常燕生先生遺集》的序言即談到：「先生平素研究的自以文史為主，不過他的興趣是多方面的，他無意於支離破碎的考據之學，而要建立一個系統整然的歷史哲學，為新國家的創造指出積極的正確方向。」其後，常果然提出自己「生物史觀」的歷史哲學觀點，成為與國民黨「唯生史觀」、共產黨「唯物史觀」相抗衡的理論依據。準此而言，其學問進路與胡適大異其趣，也就不足為奇了。

據《胡適日記全集》第五冊，1928 年 4 月 20 日載，胡適看了常的批評文章後，不僅不以為忤，反而在日記上寫到：「昨天《覺悟》上有常燕生對『整理國故』意見，其言甚是，故我今天作〈廬山遊記〉的跋，稍答覆他的話。」另據胡頌平編著的《胡適之先生年譜長編初稿》第三冊，也談到胡適當時不僅寫了《紅樓夢考證》外，還寫了一篇〈廬山遊記〉，而為了歸真寺後的一個塔，胡竟然寫了幾千字的考據。胡幽默的說，常燕生若看到，一定又要氣的鬍子發抖了。

胡並進一步調侃言：「且慢，相別多年，常先生不知留了鬍子沒有，此句待下回見面時考證」。但針對常的質問，胡還是給予了答覆，胡說：「我為什麼要考證《紅樓夢》呢？在消極方面，我要教人懷疑王夢阮、徐柳泉、蔡子民一班人的謬說。在積極方面，我要教人一個思想學問的方法。我要教人疑而後信，考而後信，有充分證據而後信。」由胡適「夫子自道」這些話，可以想見胡、常二人交情應該是不錯的。常以學生輩對胡批評毫不留情面；而胡似乎

亦不以為意，還幽了常一把，可見兩人雖治學路向不同，但並不影響彼此交誼。

有關胡、常交誼，可以 1929 年 7 月 1 日，胡適寫給李璜和常燕生的信為例，當時青年黨發行不少刊物，但有些刊物內容有道聽塗說捕風捉影之嫌，胡去信抗議道：「……國家主義者所出報章，《醒獅》、《長風》都是很有身份的。但其餘的小雜誌，如《探海燈》，如《黑旋風》，……等，態度實在不好，風格實在不高。這種態度並不足以作戰，只足以養成一種卑污的心理習慣；凡足以污辱反對黨的，便不必考問證據，不必揣度情理，皆信以為真，皆樂為宣傳。更下一步，則必至於故意捏造故實了。如《探海燈》詩中說蔡子民『多金』，便是輕信無稽之言；如說『蔣蔡聯宗』便是捏造故實了。我以為，這種懶散下流不思想的心理習慣，我們應該認為最大敵人。寧可寬恕幾個政治上的敵人，萬不可容縱這個思想上的敵人。因為在這種惡劣根性之上，決不會有好政治出來，決不會有高文明起來……。」

所謂「愛之深，責之切」，《醒獅週報》創刊於 1924 年 10 月 10 日，為青年黨的機關報，水準素質均高；《長風》月刊於 1929 年創於上海，左舜生、常燕生常撰文其上，內容水平亦不錯。《探海燈》為三日刊，是青年黨香港總支部所辦，暢行於港、粵一帶，常刊登一些未經求證的小道消息，胡適能見此刊物，足見其閱讀之廣博。至於《黑旋風》刊物，以筆者研究青年黨多年，尚不知青年黨有此刊物，因此有可能是胡適的誤認。胡適於致李、常信函中，不留情面的給予批判，雙方設若交情不夠深，胡適也不至於如此不客氣的批評青年黨。

常燕生與胡適政治觀點最一致之事，發生在由胡適創辦主編的《獨立評論》「獨裁與民主」的論戰上。1931 年「9‧18」國難後，知識份子憂心國事，感覺到除了教書和研究外，應該替國家多做點

事。因此胡適與眾友好，於 1932 年 5 月 22 日，發起創辦了《獨立評論》周刊。該刊旨在「希望永遠保持一點獨立的精神，不依傍任何黨派，不迷信任何成見，用負責的言論來發表我們各人思考的結果：這是獨立的精神。」《獨立評論》周刊主要作者群為丁文江、傅斯年、翁文灝、任鴻雋、陳衡哲、陳之邁、吳景超、張佛泉、梁實秋等，均為海內俊彥，可說是當時華北知識份子的重要言論喉舌。

這批高級知識份子，曾就政治、外交、經濟等方方面面，針砭時弊，向政府提供興革建言，輿論報國，在當時發揮甚大的影響力。其中尤其在如何實現國家的統一，和建立一強而有力的中央政府議題上，曾引起同儕間激烈的討論。時蔣廷黻主張中國需要一個專制的時代，吳景超則主張「武力統一」論，胡適則一再為文提倡「無為的政治」。因此圍繞於是否「武力統一」而衍生為「獨裁與民主」的論爭，在當年《獨立評論》幾乎形成好友間的一場筆戰。

在這場論戰中，常燕生於《獨立評論》第 88 號，撰寫〈建國問題平議〉力挺胡適，一面批評蔣、吳兩人的怪論，一面贊同胡適的「無為政治」。常說：「我根本贊同胡適之先生『無為政治』的意見，中國今日已經民窮財盡，人民所惟一需要的是休息，不但武力統一或其他性質的內戰外戰完全與人民的希望相反，即所謂生產建設也是現時人民力量所擔負不起的。」接著，常提出「中國今日欲談建設，必須先經過兩個預備時期，第一個是休養的時期，這時期的工作是裁兵、裁官、減政、減稅、澄清吏治、剷除盜匪，使人民的負擔逐漸減輕，能夠自由吐口氣；在思想上也不妨取同樣的政策，言論、出版、集會、結社一切自由，大家自由說說談談，把不平之氣放出一點，社會上自然減少許多亂子。這個時期經過之後，人民的能力逐漸恢復了，然後再可進入於第二個小規模培植的時期，這時期的工作是興教育、修路政、扶助人民自動建設小規模的

實業，將大建設的人才和條件都預備好了，然後才能進入於第三個大規模建設的時期。至於中央政府，可用尊重民意的辦法來逐漸削減地方割據勢力，以完成國家的真正統一。

胡後來在《東方雜誌》32 卷 1 號（新年特大號）發表〈一年來關於民治與獨裁的討論〉一文，文中還特別提到常的這篇文章，說「常燕生先生在太原讀了《獨立》上的討論，寫了一篇〈建國問題平議〉，他不贊成武力統一，也不贊成專制與獨裁。……他勸中央實力派學古人『挾天下以令諸侯』的秘訣，把人民當作天子，善用民心民意來做統一的工具，這話好像是迂腐，其實是很近情理的議論。我說的國會制度，也就是實行這個意思的一個方法。」胡適最後肯定的說：「我絕對相信常燕生先生的從民權伸張做到國家統一的議論」，可見胡與常在如何推動國家統一的問題上，基本立場是一致的。

總之，常燕生在「無為政治」的觀點上，與胡適是十分契合的，1941 年 5 月 20 日，他於成都的《新中國日報》專論，還特別發表〈無為政治論〉為胡適叫屈，他說「猶憶六七年前，胡適之先生鑒於當時所謂建設事業者之病民，於《獨立評論》上力主無為之說，並闡明漢初陸賈《新語》之說以為論助，愚當時深贊其說，曾為文以應之。無如潮流所趨，非一二人所能挽回，適之先生至以此為人目為落伍，反動。」常於文中詳述國人對「無為」觀念之誤解，最後強調「無為政治」，實為我國二千年來民族政治哲學思想之結晶，垂諸經典，見諸實際，二千年來，聖哲相承，翕無異議。」

1947 年 6 月，常燕生由滬返蓉，適逢水災，不意染病，醫藥罔效，竟於 7 月 26 日病逝成都，享年僅 50 歲。而此時的胡適，正在為戰後百廢待舉的北大奔波，對於常燕生的死，胡適未曾留下任何記載。但以常燕生時任國府委員的身份，驟然逝世，各大媒體均有報導，胡適想必也一定知曉。基本上，胡適與常燕生對民主政治

的看法是一致的，例如 1942 年 10 月 12 日，常於青年黨最重要的言論喉舌《新中國日報》，發表〈民主運動者應有的風度〉，強調一個民主運動者，需要培養出對於異己的主張須有容忍的態度。民主運動者需要容忍，但不是苟且調和的容忍，民主運動者需要尊重他人的意見，但也須堅信自己之主張。民主不是一個漂亮的招牌，而是一個實際的生活態度。

另外，常又在〈民主是什麼？〉文章中說明，「容忍」是民主精神的唯一的武器，一個懷抱民主精神的人必然可以對一切的不同意見加以容忍。在現代中國，有許多人還待努力學習容忍，能夠充分學到了容忍他人，民主精神在中國就成功了。常的這番話，再應證胡適晚年於「雷案」發生後，一再呼籲「容忍比自由重要」的主張，而遭不少同仁圍剿。倘胡看到此文章，當引常為知己知音矣！1949 年，砲火危城下的北京，國、共兩黨都在積極拉攏胡適，胡最後離國赴美，毛澤東還不解胡適何以一定要離開。毛殊不知胡之離國，並非只是支持蔣介石，而是有其更深之底蘊。胡終身信仰西方的民主政治，是個徹頭徹尾的自由主義者，他知道在共產主義專制極權下，這些他信仰的價值觀，絕無實現的可能，因此他選擇痛苦的離別祖國。

胡對民主政治的信仰，與常燕生是不謀而合的。1946 年，常在〈民主政治需要獨立的人格〉文中，愷切的提到：「民主政治和極權政治的最大區別點在什麼地方？在乎對於個人價值的估定如何。民主政治承認每一個個人有獨立的人格和意志，人與人是平等的，個人不是任何組織的工具，而是獨立的人格，人只能為他的獨立意志而驅使，而犧牲，不能為任何其他目的而犧牲。極權主義者則不然，極權主義者不承認個人有獨立生存的價值，而認為個人的生存不過是另一種更大目的的工具，為了這個目的，個人的權利不妨犧牲，甚至個人的意志也不妨加以強制，一切暴政的原理都從此

而出。」筆者在此敢大膽推斷，此文胡若看到，一定會說：「知我者，常燕生也」。

總的說來，常不僅推崇胡對民主政治的觀念與信仰，對胡在中國現代思想史、文化史上的地位，也給予高度的肯定。常於《中國文化小史》一書中，對胡適在文學革命和主張白話文的貢獻與影響，認為五四以後的文學運動，都是跟著胡所主張的這條路走，而且發展得很快；因為主張白話文，致使新文化運動能快速成熟。在另一《中國思想小史》書中，常又說到陳獨秀的反對孔教，只算是打死老虎，沒有什麼多大的新奇，要等到胡適的改革文學主張發表後，才算有了一種更大的新貢獻。

此外，對新文化運動具體成績的表現，常也羅列幾點胡適的貢獻。首先是「整理國故」的潮流，常言：「當時新文化運動的健將如胡適、梁啟超等，都是長于國故的，因此後來整理國故之風很盛。胡適的《水滸傳考證》、《紅樓夢考證》等，很博得人的贊許。此風後來變為疑古和攻擊古代思想的一派，於思想運動也很有大影響。」雖然上文提及常批評胡適的考證工作，但在總結歷史成績時，還是對胡適的貢獻給予中肯的評斷。

其次關於疑古的風氣，常也談到：「新文化運動以後，一般人對於歷史都持重新估定的態度，故新發明理論很多。在這方面以顧頡剛用力最勤，其所著《古史辨》在思想界頗有影響，而胡適、錢玄同等也很有成績。」而在小說戲劇的考據整理方面，常亦說到：「新文化運動以後，小說戲劇的地位頓然增高，因此學者也就有用力於這一方面的。就中以胡適的成績最高，此外如顧頡剛、鄭振鐸等在這一方面也很有貢獻。」

最後在文體方面，常對胡的散文甚是恭維，說到：「白話的散文約分為長短兩種，長篇散文大致屬於議論的為多，以胡適的文章最有條理。胡的文體青年界模仿者極多，在思想上也很有勢力。」

唯在新文學的新詩上，常對胡的表現則持較保留態度，當然這也與常反對新詩有關。常於其詩集《嶺上白雲齋詩存》中，有首〈論新詩〉的詩，內有「績溪博士（胡適）出新意，乞取歇苞續華蕾。著論恢奇動萬言，一編嘗試從茲始。詩人學士本殊道，論雖可取詩不似。大輅椎輪未可訾，君之所長不在是。」常謂：「新詩即自由詩，是新文化運動以後的一種新發明，最初開創風氣者為胡適的《嘗試集》，但內容未為成功。到康白情、俞平伯等出來後，新詩才漸趨成熟。

胡適一生朋友滿天下，但與常燕生的交誼似較特殊，胡為自由主義者，常為國家主義者，胡以無黨派人士，成為現代中國文化思想史上的一代宗師，常雖隸屬青年黨，但亦開創博大精深的「生物史觀」歷史哲學，兩人的交誼奠基於對學問的探求。雖然學問路向不同，但同中有異，異中有同，對民主政治的理念一致，對考證之癖則大相逕庭。唯二人仍惺惺相惜，胡以「師字輩」對常之批評不以為忤，甚至肯定認同之；常以後輩晚生對胡亦提出建言及批判。兩人實際交往互動似乎不多，但在精神上卻頗多契合之處，他們都是動亂時代中，兩位理性的知識份子，而「理性」，正是胡、常彼此論學問道交誼的基礎。

詩情與悲情

——康白情——

　　康白情是「五四」時期，中國新詩萌芽階段一位相當優秀的詩人，還在就讀北大時已享詩名，其詩作常發表於當時主要的刊物如《新青年》、《少年中國》、《晨報副刊》、《新潮》之上。中國新詩的開山鼻祖胡適，對其詩作評價頗高，胡在 1922 年 3 月 10 日的日記寫下「康白情的《草兒》詩集出版了。近來詩界確有大進步，使我慚愧，又使我歡喜。白情的詩，富於創作力，富於新鮮味兒，很可愛的。」五天之後，俞平伯的《冬夜》詩集也出來了，但胡適認為「平伯的詩不如白情的詩」，《草兒》是由上海亞東圖書館出版，是中國文學史上第四本新詩集，可見胡適認為白情的新詩水準較俞平伯為高。

　　不僅如此，胡適還記載白情的新詩，在當時風靡的程度，連宣統皇帝溥儀也為之欣賞。1922 年 5 月 30 日，胡適第一次去看溥儀，看見深宮中的這位末代皇帝竟然在讀白情的詩，胡大為感動，還多方鼓勵溥儀嘗試詩作。後來溥儀還真的寫了幾首「康白情風格」的新詩，由此可見白情詩於當時之影響力於一斑。另外，一向自視甚高的郭沫若也說：「我第一次看見的真的白話詩是康白情」，他的詩委實讓我吃了一驚，也喚起了我的膽量。台灣詩人瘂弦在《中國新詩研究》書中亦言「五四時期真正專業寫詩的，只有一個康白情」，其他如羅家倫、傅斯年等人，其寫詩只是玩票性質而已。

　　朱自清在《中國新文學大系‧詩集導言》，曾引用梁實秋的話讚美白情之詩是「設色的巧手」，誠然，白情詩是以形象鮮明，自然活潑，色彩斑斕見長。試舉其〈江南〉詩中段為例：「赤的是楓葉／黃的是茨葉／白成一片的是落葉。坡下一個綠衣綠帽的郵差／撐著一把綠傘，走著走著／坡上踞著一個老婆子／圍著一塊藍圍腰／哼哼地吹得柴響。」五顏六色，直把「春風又綠江南岸」的詩境，描寫的入木三分淋漓盡致了。是以平情而言，白情在新詩的地位，比起他「師字輩」的胡適、劉半農、沈尹默、周作人等，實不遑多讓。

　　康白情（1896-1958）字洪章，四川安岳人，1916 年考入北京大學，同學中有羅家倫、汪敬熙、周炳琳等一時俊彥。他於 1918 年與羅家倫、傅斯年等組織「新潮社」，發行《新潮雜誌》，《新潮》為繼《新青年》後，在全國學界相當具有影響力的刊物。此外，他也曾參加由蔡元培、陳獨秀、胡適等人發起的「工讀互助團」，此一團體是為當時北京的窮苦青年而設立的，他們計劃實行「半工半讀」的方式，以達到「教育與職業」結合的理想。此一互助團的中堅份子，大多是「新潮社」的成員，如傅斯年、羅家倫、楊振聲、徐彥之、俞平伯和康白情，都是其中的主力。

　　1919 年 5 月 4 日，「五四」運動爆發後，校長蔡元培緊急召集學生領袖商討對策，受邀者傅斯年、羅家倫、許德珩、段錫朋與康白情，當時號稱北大學生「五大領袖」。不僅如此，運動得到全國響應後，白情更是率領北京學生代表團赴滬，與他校組成「全國學生聯合會」，並當選為主席。其後，白情又加入由王光祈、曾琦、李大釗等發起的「少年中國學會」，積極參與文學和社會活動。在白情詩集《草兒》上，有諸多提及他和「少中」同仁交遊的詩作，如田漢、曾琦、孟壽椿、許德珩、左舜生、王德熙、張夢九、張聞

天、王光祈、魏時珍、陳劍脩、黃日葵等。從白情與這些碩彥的交遊來看，可以想見其當年活躍之情形。

1920 年，白情自北大畢業，由蔡元培向南洋煙草公司募款，提供北大優秀畢業生出國留學，白情與羅家倫、段錫朋、周炳琳、汪敬熙等五人，由蔡推薦雀屏中選，是年 10 月，順利出洋留學，時報紙戲稱比為晚清派員出國考察憲政的「新五大臣出洋」。在太平洋浩瀚的出洋船程上，白情詩興大發著詩頗多，且一改之前的纏綿柔情之風，多是慷慨悲歌，氣吞萬里之作。1921 年 10 月，其為詩集《草兒》寫序結集，似乎在向世人預告，詩情的康白情生涯即將結束，而悲情的政治人康白情正準備登場，希冀在救國方面，能有一番作為。

康白情赴美後，入柏克萊加州大學，選修「近年社會改造學說」，其政治企圖心不言而喻。時留美學生流行集會結社，組織政治團體以救中國，如聞一多、梁實秋、浦薛鳳、時昭瀛、何浩若、吳景超、羅隆基等人的「大江會」，主張文化的國家主義運動；劉師舜、邱椿、余上沅、沈祖同、呂谷丸等的「大神州社」，也是國家主義在美國的另一個團體。

於此氛圍下，開始熱衷政治的白情豈能置身事外，其以當時中國內憂外患嚴重，國內政局腐敗黑暗如故，軍閥混戰，政客勾心鬥角，政黨惡鬥南北分裂。既無中心思想，復無中心人物，1923 年 7 月，白情乃糾集留美學生李伯賢、孟壽椿、康紀鴻、黃任賢、李夢蘭、唐宗慈等，發起組織「新中國黨」，以標榜「新中國主義」為號召，並在舊金山成立籌備處，白情並以「康洪章」名字自任「黨魁」。關於用康洪章一名，據瘂弦的說法：康白情因慕李鴻章之政治手腕，民初李鴻章雖早已去世，然其名字在國際社會仍有殘餘知名度，洪章影射鴻章，字異音同，譯成英文容易產生有利聯想，可以加強號召，抬高自己聲望，故在美從事政治活動，白情喜用「洪章」之名。

　　當時加入「新中國黨」的成員，以美國華僑居多，尤其是僑界的一些「幫會」份子，經費來源亦出自幫會「致公堂」的支援。有關白情與幫會的淵源，據陳敬之在《文苑風雲五十年》記述，白情於 11 歲時，即在四川參加「幫會」，到美國後，未幾也旋即加入舊金山的洪門「致公堂」，故與「幫會」關係頗為密切。另外加大中國留學生及「少中」同仁，亦有若干人參加，如孟壽椿和相傳留法的李劼人也被力邀加入，而曾琦亦在百般拉攏中。一時之間，這個以「幫會」為基礎的政黨，在美國頗具氣勢，而白情則乾脆放棄學業，以政黨領袖身份回國指導活動，初擬在上海、北京兩地組織支部，最後則希望於香港和僑埠等地，也能設立黨支部。但理想與實際終究差距過大，此後並未見「新中國黨」與白情有進一步的活動與表現，尤其此政黨既然以僑界和幫會為根柢，在白情回國後，很快的就從政海中消失了。

　　「新中國黨」當時所發表的黨綱，據王覺源於《中國黨派史》一書節錄如下：

> （一）發起緣由：中國之為立憲國，十一年於茲矣。政黨政治，
> 　　　猶未前聞。賢士大夫，方且避實就虛，清談名理，私洽
> 　　　明哲，自矜高尚。政治經濟，蓋所諱言。或則言而不行，
> 　　　沈機觀變；或則行而不黨，人自為戰；或則黨而不大，
> 　　　捨本逐末；或則大而無當，百事無成。甚至於德謨克拉
> 　　　西也，而欲以不黨求之；社會革命也，而欲以不黨致之。
> 　　　氣稟拘人，物慾蔽人，可謂甚矣。「五四」以還，賢士
> 　　　大夫，倡言新中國之創造，朝野從風，輿情所趨，內外
> 　　　響應；然而言多行少，大功未見，識者病之。溯自護法
> 　　　軍興，疆土分裂。政會不能統一，會盟不能統一，武力
> 　　　不能統一，和議不能統一，馴至法律亦不能統一。此天

啟吾衷，謂必待我同志奮其神勇，以純仁大義相感召。
糾合全國國民，顯其潛力，而後足以有為也。治平之責，
匪異人任，惟我同志毅然組黨而已。

(二) 新中國主義：吾黨之信仰無他，新中國主義是已。吾黨
以創造新中國自任。發揚中國特性，融會泰西文明，所
謂新中國主義也。新中國主義，以世界第三文明自信。
咸宏中國魂，而掇其菁英；汲用泰西制度文物，而準乎
實用。例如忠恕之道，勤儉耐勞之性，治國平天下之經，
所謂中國魂之菁英者也。又如利用機器，以發達實業，
增益國富，應用科學知識，振興教育，啟牖民智，改善
一般日用生活，所謂泰西制度文物之準乎實用者也。以
億兆之民，憑無窮之利，秉必致之衷，行大中之道，此新中
國主義之千載一時也。新中國主義，有普遍原則焉，有特殊
原則焉。原則示旨歸，事實應作用。原則不變，事實則隨地
而異，隨時而異。方法亦然，例如治道，將為人治，抑為法
治耶，匪可拘執者也。創業者必為人治，而用法尚猛；守成
者必為法治，而用法尚寬。執其兩端，用其中於民。不以法
廢人，亦不以人廢法，中之至也。又如新中國主義方法，用
於新中國黨，則為平時嚴黨約，從事和平改革。至不得已而
撥亂反正，重典所不惜焉。

(三) 黨綱：即根據新中國黨主義制定：1.政治——主張國權
統一（單層統治權），國民自治，四權並立（行政、立
法、司法、考工）。2.經濟——主張差別生產，中庸分
配，惠僑保商。3.社會——主張文化獎勵，勞工保護，
男女平等。

（王覺源：《中國黨派史》，頁 232-234。）

　　至於「新中國黨」的失敗，曾琦的〈旅歐日記〉為我們提供了很好的註腳。茲摘錄三則以證之：1923 年 8 月 6 日：「上午赴華僑協社，接康白情、孟壽椿等寄來新中國黨發起旨趣書一冊，邀予加入該黨。予覺其命意尚佳，而黨綱則殊欠斟酌，方法亦未具備，故尚不願加入，擬覆函謝絕之。」8 月 12 日：「上午赴巴黎，訪幼椿與周枚蓀等談移時。午後許楚僧、何魯之亦來，相與縱談半日，余景陶亦在座，予等所談大半為國內政局及康白情組黨事。眾對白情此舉，皆抱懷疑態度，予則謂組織政黨，本為今日時勢之需要，惟欲以和平手段，取得政權，實為萬不可能之事，必須以革命方法出之，而欲革命，則又非先有能共患難之死黨不可，未知白情有此決心與此同志否？如其有之，亦未始不可成功也。」

　　8 月 13 日，曾琦又載：「上午赴協社，接康白情一函，仍勸予加入新中國黨，予以為黨非不可組織，惟（一）須有明瞭之性質，（二）須有獨到之主張，（三）須有光明之態度，（四）須有精確之計畫。該黨於此，無一具備，是以不敢貿然苟同，當草一函婉詞謝之。」（曾琦：〈旅歐日記〉，陳正茂等編，《曾琦先生文集》（下），頁 1368-1369。）

　　細觀「新中國黨」之黨綱，可謂洋洋灑灑，彷如一篇鴻文佳作，唯理想陳義過高，但乏實現的具體方法，且與其他政黨之政治主張，亦大同小異無甚差別，故最後終難逃失敗的命運。「理想的巨人」與「行動的侏儒」，這是很多五四時代知識份子，在面臨理想與現實衝突時，無奈且無力的共同悲劇寫照。

　　「新中國黨」曇花一現無疾而終後，白情既無錢回美讀書，也無心復為詩人，只有沉浮人海回老家四川，投靠軍閥劉湘，初當旅長，後為幕府（秘書長）。殊為可惜的是，此時白情染上鴉片煙癮，當官、經商（曾開一家「四川土產行」，賣起榨菜來，沒多久即因資金週轉不靈而告歇業）、文學一事無成。1937 年，當年「新潮社」

同仁吳康，因憐白情才情，特聘其至廣州中山大學任中文系教授。1938 年，廣州淪陷，中大遷到雲南澂江，白情亦隨往。同事有陸侃如、馮沅君夫婦，因白情「芙蓉癖」未改，同仁多不恥其行。後中大又遷回羊城廣州，白情為煙土仍滯留昆明。

　　抗戰勝利後，吳康在廣州創辦文化學院（後改為文化大學），吳念昔日舊情，特聘白情在「文大」任中文系主任，唯據吳康觀察，白情因煙癖已深，不復有當年豪情矣！1949 年，中共建政後，文化大學併入華南聯大，白情仍在該校中文系任教。1958 年，白情成為「右派份子」，遭退職返鄉，船行於湖北巴東時，未見故鄉即病逝於此，享年 62 歲。

　　綜觀白情一生，青年時期意氣飛揚，中年之際迷失徬徨，晚年歲月墮落消沉，編織其錯綜複雜戲劇性的一生。當其嚥下生命最後一口氣時，這位五四時代名燥一時的詩人，不知心中是否有恨？詩情造就了他，悲情毀滅了他，當年的「北大才子」、「學生領袖」淪落至此，而當年他可能看不上一眼的「北大圖書館管理員」毛澤東，卻是主宰著中國命運的最高領袖呢？歷史的弔詭與劇變即在於此。

中國象徵派「詩怪」

———李金髮———

　　曾被詩人覃子豪譽為「毋庸否認，李金髮確給五四運動後徬徨歧途的詩壇開拓了一條新的道路。他確曾從法國象徵派學到較之創造社和新月派更為高明的表現技巧與塑造意象的方法。」覃子豪的讚譽，是因蘇雪林的批判象徵派詩及李金髮而起，雙方針對李金髮的詩，還幾乎引起一場筆戰。誠然，李金髮是中國新詩「象徵派」的開山者，其早年留法係學雕塑，然暴享大名卻因其晦澀難懂的詩，金發是其本名但無人知，金髮為其筆名眾人皆曉。他一生集詩人、雕塑家和外交官員於一身，晚年病逝紐約客死異邦。雕塑家與外交均無甚成就，但其開創的「象徵詩派」，在中國新詩史上，確有其一定之地位。

　　李金髮（1900-1976），本名金發，又名淑良、遇安，筆名金髮、彈丸，廣東梅縣人，光緒 26 年生。1917 年 7 月，離鄉至滬肄業於上海復旦中學，隔年，入北京「留法預備班」學習。1919 年 11 月，金髮與張道藩、郎靜山等六十七位青年赴法勤工儉學。先進巴黎南方的「芳登不露」中學習法文。1922 年春，入巴黎美術大學（一說巴黎大學；另一說為法國中部的帝宗國立美術學校）習雕塑藝術，擅長雕刻，他也可說是現代中國第一個西法雕刻家。求學期間，金髮深受法國象徵詩人魏爾崙、波特萊爾、鄧南遮等影響，非常崇奉彼輩之作詩技巧，暇時並開始從事詩作。是年夏，在患病中，常夢見有一白衣金髮女郎入其夢中，病癒後，認為此一白衣金髮女郎

係天使的庇佑，助其病情好轉，為紀念之乃以「金髮」為筆名，而友朋以「金髮」二字新穎特殊，鼓勵他「索性大膽地作為自己唯一的名字」，故以後即以金髮署名。

1923 年春，金髮至德國遊學一年，同年以其新作〈微雨〉和〈食客與凶年〉二詩，寄給北大教授周作人，周氏覆信大為激賞，認為其詩風格別開生面，為國內所無，除將此二文列為「新潮叢書」發表外，也撰文加以介紹給國內文壇。金髮受此鼓舞後，更加努力創作，而其詩風也引起很多年輕詩人競相模仿。關於此事，李金髮在《異國情調》的〈仰天堂隨筆〉曾說：「我與周作人無一面之緣，但與他通過好幾次信，且可以說是他鼓勵我對於象徵派詩的信心，記得是一九二三年春天，我初到柏林不滿兩個月，寫完了〈食客與凶年〉，和以前寫好的〈微雨〉兩詩稿，冒昧地用掛號寄給他，望他『一經品題身價十倍』，那時創作慾好名心，是莫可形容的，那時在巴黎的李璜，也是能賞識我的詩，給我增加自信心的一人。」回憶中，滿懷感激周氏的賞識與拔擢。

1924 年，金髮於巴黎與一法國女子結婚。1925 年 6 月，金髮應上海美術專科學校校長劉海粟邀，由巴黎返國至該校任雕刻科教授。11 月，其詩集《微雨》也由周作人推薦給北新書局出版。此詩集對當時低靡的詩壇，頓時起了一陣波瀾。金髮於《異國情調》書中道：「到一九二五年，我回國來，《微雨》已出版，果然在中國文壇引起一種波動，好事之徒，多以『不可解』譏之，但一般青年讀了都『甚感興趣』，而發生效果，象徵派詩從此也在中國風行了。」

其後在〈文藝生活的回憶〉一文，金髮還不無得意的說到：「兩個詩集出版後，在貧弱的文壇裏，引起不少驚異，有的在稱許，有的在搖頭說看不懂，太過象徵。創造社一派的人，則在譏笑。」總之，《微雨》的出版，可說開中國現代新詩「象徵派」的先河，唯詆之者咸以「不可解」譏之，然亦有人以為詩界「煥然一新」而鼓

勵有加。但金髮對自己詩風所引起的震撼與爭論，他是頗有自知之明與自信的。

又是年 3 月 12 日，中山先生辭世，遺體暫放北京西山碧雲寺，國民黨則預備在南京紫金山為孫中山建陵寢，並委金髮為南京中山陵陵墓圖案評判員。1926 年，金髮另一詩集《為幸福而歌》付梓。1927 年，《食客與凶年》亦殺青出版。三本「象徵詩派」詩集的問世，正式樹立金髮在該詩派之先驅地位，而其在中國新詩界的獨樹一幟，使其有「詩怪」之稱。

金髮「象徵詩」之特色，朱自清後來在《中國新文學大系‧詩集導言》中，有頗為中肯的述評，朱說：「留法的李金髮氏又是一支異軍；他民九就作詩，但《微雨》出版已是十四年十一月。他自己在詩集的〈導言〉裏說，不顧詩的體裁，『苟能表現一切』……他要表現的是『對於生命欲揶揄的神秘及悲哀的美麗』。講究用比喻，卻又不將那些比喻放在明白的間架裡。他的詩沒有尋常的章法，一部份一部份可以懂，合起來都沒有意思。他要表現的不是意思而是感覺或情感；彷彿大大小小紅紅綠綠一串珠子，他卻藏起那串兒，你得自己穿著瞧。這就是法國象徵詩人的手法；李氏是第一個介紹它到中國詩裏。許多人抱怨著看不懂，許多人卻在模仿著。」許多人卻在模仿著，一語道破李氏在當時詩壇的風靡程度，據說連文壇祭酒的魯迅，其散文〈野草〉也是受了《微雨》的啟示呢？

1927 年，金髮還任國民政府大學院（院長蔡元培）秘書。1928 年，金髮辭大學院秘書，轉任杭州國立藝術院雕刻教授，期間還一度出任「南京市立美術學校」校長；兼亦擔任《美育雜誌》主編。1929 年與法籍妻子仳離，與梁明馨女士結婚；從歸國後至此期間，除寫詩外，金髮亦雕塑了孫中山、蔣介石、蔡元培、伍廷芳、鄧鏗、李平書等黨國政治人物的雕像。金髮之所以擔任蔡元培大學院秘書，其於〈仰天堂隨筆〉曾記載其事，「民國十五年在上海滄洲飯

店第一次見到蔡元培先生，因蔡喜歡美術家（李是雕刻家），他們時常往來，由申報趙君豪的要求，他為蔡塑了一個胸像，內鉛外銅。1927 年秋，蔡為大學院院長，他便應邀而為蔡的秘書了。同事的有杏佛、高魯、金曾澄、許壽裳等。」

　　1932 年，金髮赴中央大學為副教授，其後出任廣州市立美術學校校長。期間，金髮曾遊歷義大利半載，利用其實際考察所得，證以名家讜論，編成一書，附精美圖片 30 餘幅，後由商務出版《義大利及其藝術》一書。1936 年，《美育雜誌》於廣州復刊，金髮任主編，共出四期。1937 年 7 月，抗戰爆發後，金髮至廬山受訓一月後，返回廣州擔任革命博物館館長，後至重慶任外交部二級專員，幫辦亞東司事務，期間一度任職第四戰區長官部，負責特種外交工作。1938 年 10 月，廣州陷落，避居越南。1940 年，金髮由越至韶關，供職粵省政府，辦理文化工作兼「中華全國文藝界抗敵協會」韶關分會主席，並創辦會刊《文壇》雜誌，此刊物由盧森主編，戰後移往香港出版，迄於 1974 年停刊。

　　1944 年 9 月，金髮外放任駐伊朗使館二等秘書，後升一等秘書。1945 年 10 月，曾以一等秘書暫代館務。1946 年 4 月，金髮在移交伊朗館務後，6 月，又以一等秘書暫代駐伊拉克公使館館務，迄於 1952 年 1 月移交，由參事盛岳暫代。從外交部公職退休後，金髮暫居香港，後移居美國。於此期間，金髮有二事頗值一述：一為 1960 年 2 月 19 日，金髮參與左舜生、李璜、王厚生、張君勱、張發奎、黃宇人、勞思光、伍藻池、劉裕略、劉子鵬、羅永揚、胡越、徐亮之、李達生、史誠之、謝扶雅、許冠三、趙聰等七十餘人署名，於《聯合評論》週刊第 78 號刊載〈我們對毀憲策動者的警告〉一文，堅決反對蔣介石毀憲競選第三任總統。二為 1964 年 9 月，金髮在馬來西亞的《蕉風月刊》，開始連載其〈浮生總紀〉回憶錄，至 1966 年 4 月刊畢。

　　1976 年 12 月 25 日耶誕節，金髮因心臟病於紐約長島逝世，享年 77 歲。生平著作有：《微雨》、《飄零閒筆》、《異國情調》、《肉的図圉》、《為幸福而歌》、《食客與凶年》、《核米頓夫人傳》、《德國文學 ABC》、《雕刻家米西盎則羅》、《義大利及其藝術概要》等；編譯有：《嶺東情歌》、《古希臘戀歌》、《托爾斯泰夫人日記》等書。

　　基本上，金髮是一位頗負才氣的詩人，他更是第一個將法國象徵主義的表現技巧介紹到中國來的詩人。沈謙在《林語堂與蕭伯納》書中，將中國二〇年代的新詩分為三派：一是「自由詩派」，以胡適、劉半農為首。二係「格律詩派」，聞一多、徐志摩等為領袖。三為「象徵詩派」，代表人物即李金髮和其後的戴望舒等。其詩作主要內容為歌詠愛情的甜蜜與痛苦，人生與命運的悲哀，死亡和夢幻的境界。而其藝術技巧特色是朦朧晦澀與難懂，充滿新奇神秘與頹廢色彩。

　　何謂象徵派詩，其特色有三：（1）是主觀主義，著重抒寫詩人靈魂的感覺。（2）是反格律，主張自由的創造形式，打破一切舊有格律的束縛。（3）是音樂的，注意自然的節奏和音韻。這種「象徵派」的寫詩技巧，在格律派詩風已遭厭倦之際，由李金髮帶進中國詩壇，並很快的趨於興盛，成為二〇年代後期中國詩壇之主流。形式的自由放任、詞句的生硬晦澀、難懂不易理解，是金髮詩的一大特色，但全詩讀下去，卻又別有一番況味與情調，這也是其詩的另一特質。神秘幽暗，隱約朦朧，若有似無，再加上一些異國情調，交織成金髮「象徵詩」的獨特面貌。他的詩常夾雜些文言字眼，彆扭中帶著別緻；若從單獨一句一段看，確實難解，但終篇觀之，又能予人鮮明之感，此為其詩異於他人的地方。他的詩，或許讀者不多，知音者更少，但無可諱言，他給中國象徵詩是帶來深遠影響的。

　　由尹雪曼任總編纂的《中華民國文藝史》，在提及中國新詩詩壇時，對金髮的評價頗為中肯。其言：「當初期新詩由舊形式中解

放出來，趨向通俗淺近的自由詩的時候，當別人採用西洋格律詩，重新創造整齊的新韻律詩的時候，李金髮獨用法國象徵派手法作詩，未嘗不是一種新鮮的玩意兒。矯膚淺油滑之弊，用艱澀；矯整飭板滯之弊，用極自由的形式；李金髮詩的出現詩壇，未嘗沒有它的意義和價值，可惜太隱晦難解了，不要說廣大的社會群眾無法欣賞，即便是知識群體亦不能盡了理解，這是非常遺憾的地方。」（《中華民國文藝史》，頁 185-186。）

　　而同為詩人的瘂弦，評論李金髮在中國詩壇的地位，看得更透徹及深入。瘂弦是以新詩發展史的視野，來評價李金髮及其代表的「象徵詩」。瘂弦認為：「事實上，如果不是他（指李金髮）把法國詩人波特萊爾（Charles Baudelair）、魏爾崙（Paul Verlaine）的象徵詩風帶進詩壇，不經過此一過渡，則中國新詩的現代化運動，恐怕不會那麼早的發生。……如果沒有李金髮率先在作品上實踐了象徵主義的藝術觀點和表現手法，以及稍後的戴望舒、王獨清在理論、翻譯、創作三方面的倡導，可能就不會有一九三二年在上海成立的，以戴望舒、杜衡、施蟄存、穆時英、劉吶鷗、侯汝華、徐遲、紀弦等為中堅的現代派之水到渠成；沒有現代派為中國新詩純粹化啟蒙和奠基，那末，現代詩的建設工作，經過抗戰後左翼文學的驟雨狂風，可能就會變成千篇一律的政治叫喊；並且，如果不是紀弦把當年上海現代派的火種帶到臺灣來（再加上覃子豪的提倡），臺灣新詩的現代化，說句大膽假設的話，恐怕要遲上五年到十年，或者根本是另一種面貌也未可知。」（瘂弦，《中國新詩研究》，頁 99-100。）

　　上述評論，瘂弦直把中國與台灣現代詩的奠基功勞，完全加在李金髮一人身上，對其在中國新詩的貢獻上，給予至高無上的肯定。當然，李金髮之詩亦有其缺點，蘇雪林在〈新詩壇象徵派創始者李金髮〉文中，則給予李金髮頗為嚴厲的批判。蘇說：「五四後

新詩由《繁星》、《春水》、《女神》發展到了新月派詩，已有走上軌道的希望。忽然半路殺出個李金髮，把新詩帶進了牛角尖，傳來轉去轉了十幾年，到於今還轉不出實為莫大憾事。李氏作俑固出無心，為了那種詩易於取巧，大家爭著做他尾巴，那則未免可羞吧！」蘇氏之評論，實有過於主觀武斷之嫌。

筆者個人倒比較接受瘂弦的講法，瘂弦說：「純粹以文章的角度來看，李金髮顯然不是一個好的文章家，但是，在他缺乏鍛鍊的語字背面，卻有著充沛的詩素和豐富的藝術品質，李金髮作品之所以受重視理由也就在此。當然，更重要還是他在文學思想方面的創造性。」瘂弦接著又說：「李金髮在藝術上的前衛性，自然是可以肯定的。雖然前衛作家不一定是最好的作家，但前衛作家往往是影響較大的作家」，誠哉斯言。

「創造社」詩人

——王獨清——

　　二〇年代郭沫若與魯迅交惡，曾被魯迅批評的「創造社」幾個「流氓痞棍」的郭沫若、郁達夫、成仿吾與王獨清，現在國人對前三人可能知之甚詳，但提到王獨清可能就不甚了了。之所以如此，可能原因有二：一為王獨清死的較早，抗戰期間的 1940 年即病逝故鄉西安；再則王獨清最後與「創造社」鬧的不愉快而退社，且其後又加入了陳獨秀的所謂「托派」組織，而不見容於國、共當局，在極度不得志的情況下，終導致其窮愁潦倒而逝。

　　此事經緯，獨清好友謝冰瑩在《作家印象記》曾言，王獨清在上海時極其窮途潦倒，共產黨罵他是「托派」，國民黨說他為共產黨，國、共兩黨都不容他，朋友也遠離他，生怕招惹麻煩，故其心情十分苦悶鬱抑，這或許與其中年即病故有關。而舒蘭亦說：「他有獨立的思想，文人的氣骨，不曾隨『左聯』逐波，於三十年代文壇遭到左派的圍剿，被稱為『狗』，受到無聊的人身攻擊。」我想這或許是咱們這位浪漫詩人「長安才子」，方過不惑之年即死的原因之一吧！

　　王獨清（1898-1940）：陝西長安人，生於 1898 年（清光緒 24 年），出身世宦之家，家境殷實。獨清天資聰穎，9 歲即能寫詩，1910 年起即經常於《秦風日報》發表文章，是年父母相繼棄世，其後入中學、農校、法政等學校肄業，始終未曾畢業。1913 年，

獨清任國民黨機關報《秦鏡日報》總編輯，旋該報被禁，乃離陝赴滬，後留學日本，大量閱讀外國文學作品。1919 年「五四運動」起，獨清離日返滬，與曾琦負責《救國日報》筆政及「中華工業協會」。

1920 年 4 月，在獨清的倡議下，上海舉行了第一次紀念「五一」國際勞動節的活動。同年獨清赴法留學，研究藝術兼習哲學，在法期間，與作家鄭伯奇時相過從，成為莫逆。獨清語言天份極高，通曉日、英、法、德諸國文字，同年亦開始從事以新詩為主的新文學創作，作品深受但丁、拜倫、繆塞、喬治桑等西方文豪的影響，詩句特別講求辭藻與音韻的重要性。旅歐時足跡遍遊歐陸各地，增廣見識極多。1926 年 2 月，獨清回國，加入郭沫若、郁達夫、成仿吾等發起成立的「創造社」。有關獨清的參加「創造社」，據郭沫若在〈創造十年續篇〉言：「王獨清的和我們發生關係是出於鄭伯奇的介紹，因為他們同是長安人，而且似乎還是同學。」郭的說法應該是正確的，因為獨清與鄭伯奇確係好朋友，伯奇既然參加「創造社」，介紹摯友獨清加入是有可能的。

其實早期的「創造社」是標榜浪漫主義運動的，他們熱衷譯介歌德和席勒的作品，把西方浪漫主義的「狂飆」帶到中國文壇來。由於獨清留學歐西，其作品中浸染了不少感傷主義與頹廢的傾向，這是其與郭沫若等「創造社」巨子相異的地方。1926 年 3 月 16 日，《創造月刊》創刊，由獨清任主編。23 日，獨清與郭沫若、郁達夫同赴廣州，郭任廣東大學文科學長，郁與獨清任文科教授。於此同時，是年 12 月，獨清的第一本詩集《聖母像前》，亦由上海光華書局出版，內容以其旅歐詩作居多。

9 月 1 日，「創造社」在廣州分部召開出版部第一次理事會，選出總社第一屆「執行委員會」，其名單為總務委員郭沫若，編輯委員成仿吾與郁達夫，會計委員成仿吾兼，獨清和張資平為監察委

員。至於出版部第一屆理事會，主席為郭沫若，常務理事有獨清與成仿吾，理事則為郁達夫、張資平、周全平、周靈均、穆木天、李初梨等人。另外，獨清與何畏、張資平、鄭伯奇等四人，尚兼出版部第一屆監察委員會委員。由獨清的身兼數職，可知其在後期「創造社」的地位，是如何的重要了。

1927 年，多才多藝的獨清，還跨足戲劇，出版第一本劇作《楊貴妃之死》；此書胡適評價並不高，據胡適 1930 年 8 月 13 日日記載：「這幾天看了春舫所藏的許多劇本。中文劇本如上沅改譯的《長生訣》，大傑（按：疑大杰）的《十年後》與《白薔薇》，王獨清的《楊貴妃之死》，鄭伯奇的《抗爭》、《危機》、《合歡樹下》；洪深的《貧民慘劇》、《趙閻王》，皆不成東西，使我失望。」同時其他兩本詩集《死前》與《威尼市》亦由「創造社」付梓問世。

1927 年，獨清離粵返滬，11 月 9 日，蔣光慈、鄭伯奇、段可情訪魯迅，請魯迅合作創辦雜誌，魯迅同意，並以為不必另辦雜誌，提議恢復《創造週報》，得到眾人一致認可。12 月 3 日，《時事新報》刊出《創造週報》廣告，預告該週報擬於 1928 年 1 月 1 日復刊，並公佈編委名單為成仿吾、段可情及王獨清。後因李初梨、馮乃超、朱鏡我、彭康、李鐵聲等反對與魯迅合作，再與成仿吾等商談後，決定停止恢復《創造週報》，另辦綜合性理論刊物《抗流》，後改名為《文化批判》，提倡「無產階級文學」。與魯迅合作辦刊物破局後，更加深魯迅與「創造社」諸子的心結，魯迅後來對「創造社」的批判，與此或多或少均有點關係。

1928 年 5 月，《我們月刊》在上海創刊，獨清於該刊創刊號上寫了一篇〈祝辭〉，文中除強調「革命文學」的重要性外，獨清還說：「現在我們的文學還不能與普羅列塔利亞特接觸，這是無容諱飾，但是我們第一步的工程卻是很容易辦到，便是喚醒一般『知識階級』。印貼利更追亞，俄語即知識份子。」此事魯迅在〈《奔流》

編校后記〉一文已有所批評外。其後，因徐匀致魯迅的一封信（〈文壇的掌故〉），又引起魯迅於該年 8 月 10 日，在回徐匀信中的反擊。魯迅在信上，首先說到自己在「革命文學」戰場上，是個「落伍者」，接著便將矛頭指向以成仿吾為司令的一連串「創造社」刊物如《創造月刊》、《文化批判》、《流沙》；蔣光慈的《太陽》和王獨清領頭的《我們》，以及青年革命藝術家葉靈鳳的《戈壁》。魯迅批評這些高唱「革命文學」的刊物，只會以口號嚇唬別人，「向革命的智識階級叫打倒舊東西，又拉舊東西來保護自己，要有革命者的名聲，卻不肯吃一點革命者往往難免的辛苦」，於是不但「笑啼俱偽」，而且根本是「左右不同了」。

是年 12 月，「中國著作者協會」成立，獨清任監委，而「創造社」的主要文化運動，獨清也是重要負責人之一。其後，獨清的浪漫主義兼象徵派的新詩文學主張，與「創造社」當時正積極提倡的「國民文學」與社會大眾寫實主義意見不合而遭該社開除，而「創造社」亦於 1929 年 2 月解體。隔年 1930 年，聲勢浩大的「中國左翼作家聯盟」成立，獨清並未參與，反而加入與「左聯」唱反調的「托派」組織，成為所謂的「托派」份子。1929 年 9 月，獨清任上海藝術大學教務長，而劇作《貂蟬》亦殺青面世。

1930 年 9 月，《展開月刊》創刊於南京，獨清為主編。1931 年，詩集《煅煉》、《埃及人》同時出版。1933 年，印行《王獨清選集》，由上海中央書局出版。1935 年，由朱自清編選的《中國新文學大系》第八集「詩歌」出版，選錄了獨清的〈失望的哀歌〉、〈我從 café 中出來〉、〈弔羅馬〉、〈但丁墓旁〉四首，獨清與穆木天、馮乃超有「後期創造社三詩人」之稱。朱自清在〈導論〉中云：「後期創造社三個詩人，也是傾向於法國象徵派的。但王獨清氏所作，還是拜倫式的、雨果式的為多；就是他自認為仿象徵派的詩，也似乎豪勝於幽，顯勝於晦。」

　　1937 年 7 月，蘆溝橋變起，獨清離滬返鄉，1940 年 8 月 31
日，這位終身未婚的獨身詩人，在西安孤寂的病逝，享年僅 43 歲。
著有詩集《聖母像前》、《死前》、《威尼市》、《埃及人》、《煅煉》、《零
亂草》、《11Dec.》、《獨清詩選》、《王獨清詩歌代表作》；劇作有《楊
貴妃之死》、《貂蟬》以及小說《雨》、《晴雲》；和散文《前後》。自
傳小說《長安城中的少年》、《我在歐洲的生活》；論著有《獨清文
藝論集》、《中國文學運動史》。翻譯有《新生》（義大利但丁著）、《新
月集》（印度泰戈爾著）、《獨清譯詩集》；又印有《王獨清選集》與
《王獨清自選集》等書。另外，他還與李季合編過《中國內亂外患
歷史叢書》十五冊。自傳性作品，在其〈長安城中的少年〉、〈我文
學生活的回顧〉、〈流浪一頁〉等文中敘之甚詳。

　　王獨清死後，當時的左派文人對其極盡謾罵之能事，說他是一
個投機文人，後來墮落為漢奸、托洛茨基份子。而曾經是社友的郭
沫若，更是挖苦其為中國的「雨果第二」，並將其講話結巴口急之
病，給予冷嘲熱諷一番。說其為「托派」份子固可，但不知「漢奸」
所為何來？真是「欲加之罪，何患無辭」，令獨清百口莫辯啊！左
派文人對其評語是：「詩人王獨清雖然高嚷轉變，但他終止於是一
個沒落階級的感傷詩人而已。」

　　瘂弦認為其實就是作一個感傷詩人又有甚麼不好？瘂弦在《中
國新詩研究》一書中，寫〈長安才子王獨清〉，文中不無為王獨清
惋惜，認為王獨清是「創造社」轉變期中的犧牲者。瘂弦以為「論
學養、氣質、詩才和創作潛力」，王本應該寫出更多更好的作品；
不幸的是他在純粹創作與「創造社」所謂的「國民文學」之間作了
不必要的徬徨，在一種無所適從進退維谷的情況下，荒廢了他的後
期寫作生活。

　　他一方面指責羅曼羅蘭和泰戈爾的作品是「資產階級的鴉片煙
和侍妾」；一方面也抨擊高爾基和巴比塞的文學活動，甚至將馬雅

可夫斯基的自殺，歸咎於史達林政府的官僚化和對民主（德謨克拉西）的壓制。總之，在內心矛盾的情況下，他可以和穆木天、成仿吾等同志寫〈個人主義藝術淪亡〉、〈寫實主義革命論〉的評論文章，但他自己卻大寫其感傷主義的詩而遭同伴之撻伐。在如此畸形的情況下，王獨清陷入了極度的痛苦與矛盾中，最後不得不終止創作，鬱鬱以終。

謝冰瑩於《作家印象記》書中，對王獨清的印象頗佳，讚美「獨清是個思想正確的詩人，他有像拜倫一般的天才，生就一副放蕩不羈的性格；更有與屈原一般愛國愛民的熱情，他的詩，慷慨激昂，熱情奔放，內容與形式同樣優美；寫起詩來的時候，他最講究音韻與格調，不論長詩短詩，每一首都能朗誦。」他對於寫作態度的嚴肅與認真。後來其寫作興趣轉移到戲劇，寫歷史劇《楊貴妃之死》和《貂蟬》，思想也大為改變，積極地向封建社會進攻。

而有關於王獨清新詩之特色與風格，後來的文學評論家對其評價頗為紛歧，周伯乃於《早期新詩的批評》說到王獨清言：「他的詩大都是抒發傷感和厭世的淡淡的憂鬱哀怨，並且充滿著異國情調，很富於音樂的旋律和形象美。」茲以〈我從 café 中出來〉為例：「我從 café 中出來，身上添了，中酒的，疲乏。我不知道，向哪一處去，纔是我的，暫時的住家……，啊，冷靜的街衢，黃昏，細雨！我從 café 中出來，在帶著醉，無言地，獨走。我的心內，感著一種，喪失了故國的，浪人的哀愁……，啊，冷靜的街衢，黃昏，細雨！」此詩雖有不中不西的缺點，但是情感的悲歡、黃昏的淒涼、失國的哀愁，充滿內心的悲戚。無論在技巧上，形式上或音樂的節奏上，都頗近法國象徵派詩人魏爾崙（Paul Verlaine 1844-1896）〈秋之歌〉的風格，甚至可以說是模仿魏氏而來的。

　　周伯乃認為的「不中不西」，詩人瘂弦對獨清這首詩則有完全
不同的評價，他認為獨清企圖以很少的字數，去表現和諧的音調，
再用這音調暗示色彩的聽覺（音畫）。獨清刻意用不整齊的間歇詩
節，來表現醉後起伏的思緒，並且在字數和韻腳相當克制。瘂弦讚
美獨清說：「以我國單音字作這樣的努力，王獨清是第一人。」另
外，霍衣仙在《最近二十年中國文學史綱》亦言：「王獨清為人富
於感情而薄於理智，詩太講求音韻及修辭，前期的《死前》及《聖
母像前》二集，多充滿頹廢感傷的哀調；後期的《威尼市》、《埃及
人》、《煅煉》等，漸漸轉到大眾文藝的方向來。」

　　對王獨清新詩之研究，還是以瘂弦的看法較深入，瘂弦說：「王
獨清的詩，不管是材料與處理方法，都具有典型的浪漫主義的特
色。登高懷古式的歌哭吶喊，精神赤熱狀態上的想像奔馳，鏗鏘的
節奏，磅礴的氣勢，主觀情緒的渲洩，以及破格的、異彩的、誇張
的、暗喻的語言之揮霍，病的呻吟，厭世和異國情調的追求等等，
無一不屬於浪漫派的血系。」唯王獨清的作品除受浪漫主義影響
外，法國象徵詩派的影響也很大，例如他坦承其詩作喜用疊字疊
句，以加強節奏的震撼力和持續感，即受法國象徵派大師拉佛格（J.
Laforgue）作品之啟發。王獨清對詩之創作，有其與眾不同的看法，
1926 年其在致穆木天的信中，強調一首完美的詩，必需具備情與
力和音與色四個因子，他以自己留法閱讀法國大詩人的作品說明，
拉馬丁的作品情感豐富，魏爾崙的作品強調音的世界，蘭波的作品
重視色的營造，拉佛格作品以力勝出，由此可見獨清詩作受象徵派
影響於一斑了。

　　另一評論家舒蘭，對王獨清詩作的優缺點，也有類似瘂弦與周
伯乃的看法，舒蘭在《北伐前後的新詩作家和作品》說到：「王獨
清的詩的層面是多樣性的。其中，有頹廢哀傷的氣氛，有傾向於普
羅文學的刻板，也有浪漫思想的情調，但是卻以受象徵詩派的影響

最大。」他的詩在求音韻的和諧，並且常夾雜一些外國的語氣，令人有不中不西的感覺。所以他的詩，產量雖然不少，但傳世者不多。尤其他的詩尚有冗長及喜用鉤句之弊，述說事情喜歡長篇大論，甚至累積數千字，使人讀來有不勝厭煩之感，如〈失望的哀歌〉、〈最後的禮拜日〉、〈我飄泊在巴黎市上〉、〈歸國的時候〉等詩，均有如此嚴重缺點。

至於「鉤句」，在中國古詩即有，偶一為之尚佳，但若千篇一律皆如此就不足取了。《死前》詩集，「鉤句」即用很多，如「這園中，這園中灑遍了濛濛的，濛濛的細雨──Sonnet。這園中，這園中好像是全被這細雨和落花掩埋──Sonnet。這都是因為你，因為你，我才改行期──因為你。我死了時，你，你須得一個人，一個人去，去叩，叩我的墓門──約定明日，我就起程，我就起程。我們要像，要像今日這樣談心──因你總是不肯，不肯多出聲音──別了。」又如〈月光〉一詩「月兒，你像向著海面展笑，在海面上畫出了銀色的裝飾一條。這裝飾畫得真是奇巧，簡直是造下了，造下了一條長橋。風是這樣的輕輕，輕輕，把海面吻起了顫抖的嘆息。月兒，你底長橋便像是有了彈性，忽高忽低地只在閃個不停。哦，月兒，我願踏在你這條橋上，就讓海底嘆息把我圍在中央，我好一步一步地踏著光明前往，好走向，走向那遼遠的，人不知道的地方⋯⋯。」詩的意境不錯，但通篇累牘都是「鉤句」、「疊句」，用多了不僅破壞詩之美感，且令人生厭。

周錦於《中國新文學史》則言，王獨清「早年的詩作，多頹廢哀傷的氣氛，後期作品也曾傾向於普羅文學。但是，富於熱情薄於理智的詩人氣質，以及自由思想，絕不容於左派，初被稱為純情詩人或傷感主義者，左聯成立後竟被無情地侮罵，且不惜施以人身攻擊，實在是中國文壇的莫大悲哀。他的作品很多，民國二十年出了第一本詩集《聖母像前》；同年又出版《死前》、《威尼市》兩

本詩集。民國二十一年出《埃及人》和《煅煉》等詩集。他的詩常表現著哀感悲抑的頹廢氣氛，講求音韻，注重修辭，《死前》集可以算為代表作。但後期的生活有所改變，作品的風格也完全改觀，在《煅煉》集中就有很多社會性的作品。另外，在他的作品中，常夾雜一些外國文字在裏面，在他也許是為了求得音節的和諧，以及表現外國的語氣，可是影響於後代的，卻常是一些不東不西的作品。」

周錦的評論與周伯乃和舒蘭大同小異，唯一看法不同的還是瘂弦，瘂弦說：「他作品的另一特色是在詩中加入大量的外國文字，他那首〈歸國的時候〉中就加寫一大段法文，他以為這樣除了可以表達出本國文字所不能表達的意思外，且能增加一種 exotic（異國）的美，使一首詩更富變化及興味。他這種論調，也影響當時不少的作家。」確實如此，對於王獨清對中國新詩的貢獻與影響，筆者頗認同大陸作家沐定勝、唐文一於《消逝的風景──新文學版本錄》一書的評論。

該書言王獨清：「由于有過留學法國的經歷，王獨清的詩作深受法國象徵詩歌的影響，既有感傷、頹廢的氣氛，又具有濃厚的浪漫主義色彩，同時注重新詩的形式美，講究音韻與節奏的和諧與美感，將『音』和『色』溶入自己的詩句中，在當時很受青年人的喜愛。但他沒有完全照搬象徵派的詩歌理論來指導自己的創作，而只是從中選擇自己所認為重要的東西來創造自己理想中的詩歌形式。他認為『有韻、分行、限制字數』是其最基本的要求，也是他總結出來的格律詩必須遵守的形式要求。王獨清在努力學習法國象徵派在形式上的若干特點的同時，也在認真地為中國格律詩派的誕生做著前期準備。他在我國新詩的發展史上，有著不容忽視的作用和貢獻。」

　　誠哉斯言，以一個被共產黨定調為「托派」的詩人王獨清，死後半世紀多，能得到如此中肯的評價，足見其在新詩的不朽地位，也見證了是非公道自在人心。總之，獨清的作品是以新詩見長，前期作品，頹廢、浪漫、哀感的氣氛極濃，受法國浪漫派詩人影響極深，技巧上雖然受一點象徵派的影響，但他的內容，浪漫主義的色彩還是非常濃厚。趙景深於《文人印象》書中，說他在廣州中山大學教書時，總是開口拜倫，閉口浪漫派，一時傳為美談。後期的詩作，已脫離以前的情調，比較講求詩的音韻。但他的詩也有其缺點，即流於空泛，理想的、感情的抒洩，沒有深度，沒有意象，他對現實的批判，都是採用直覺的反應，缺少理性的沉思和反省，這也是「創造社」眾詩人其詩的一大缺點。

擂鼓詩人

——田間——

「1943 年 8 月的一天，聞一多從朱自清處得到一本詩集，上面刊有解放區詩人田間的幾首詩。初看這些詩，彷彿是口號，但仔細一讀，感到的卻是震撼人心的鼓點。原本講求藝術的聞一多突然像看到一股強烈的生命運動，這震撼催促他提起了筆：「新詩的歷史，打頭不是沒有一陣樸質而健康的鼓的聲律與情緒，接著依然是『靡靡之音』的傳統，在舶來品的商標的偽裝之下，支配了不少的年月。」聞一多默默地想著。「疲困與衰竭的半音，似乎比歷史上任何時期都變本加厲了的風行著。那是宿命、是歷史發展的必然階段嗎？也許。但誰又叫新生與振奮的時代來得那樣突然！簫聲，琴聲（甚至是無弦琴），自然配合不上流血與流汗的工作。於是忙亂中，新派舊派，人人都設法拖出一面鼓來，你可以想像一片潮溼而發黴的聲響，在那壯烈的場面中，顯得如何的滑稽！它給你的印象仍然是疲困和衰竭。它不是激勵，而是揶揄，侮蔑這戰爭，」

但是，田間的詩沒有「繞樑三日」的餘韻，沒有半音和「花頭」，「只是一句句樸質、乾脆、真誠的話，（多麼有斤兩的話！）簡短而堅實的句子，就是一聲聲的『鼓點』，單調，但是響亮而沉重，打入你耳中，打在你心上。」這些話，在讀田間詩的質與力，只是「簡短堅實的句子」，真誠有斤兩的話；同時也做了批評，沒有含蓄、沒有回味，沒有詩的情韻。因此稱田間為「時代的鼓手」，不是藝術的稱讚，而是從民族生存出發的稱讚。

　　用什麼來比喻田間呢？聞一多苦思著。突然，眼前一亮，對，「時代的鼓手」最為恰當，他興奮起來。「當這民族歷史行程的大拐彎中，我們得一鼓作氣來渡過危機，完成大業。這是一個需要鼓手的時代，讓我們期待著更多的『時代的鼓手』出現。」聞一多興猶未盡，他不是放棄了對待的藝術追求，但認為創作藝術的人好比是琴師，「至於琴師，乃是第二步的需要，而且目前我們有的是絕妙的琴師」。相比之下，倒是鼓手太少了。

　　開學後，聞一多在聯大第一堂「唐詩」課上，打破了以往不講課外事情的慣例，介紹起田間的詩來了。他帶著剖析自己的語氣說：「抗戰六年來，我生活在歷史裏、古書堆裏，實在非常慚愧。但今天是鼓的時代，我現在才發現了田間，聽到了鼓的聲音，使我非常感動。我想諸位不要有成見，成見是最要不得的東西。諸位想想我以前寫的是什麼詩，要有成見就應該是我。」他像是在現身說法，想以自己拋棄了成見來說服別人也同樣這樣做。「田間實在是這鼓的時代的鼓手！他的詩是這時代的鼓的聲音。」聞一多用這句話提醒在座的同學們。

　　據〈聯大雜寫〉一文記載，由於聞一多精湛獨特的見解，清脆爽朗的國語，激動了聽課的學生。過路的人也被這洪亮的聲音吸引住，窗外的旁聽者越擠越多，大家感到聞一多的長鬚像過了強電流的鐵絲一樣彈動著，眼睛也像出現了「放電現象」。這堂課在沉寂的校園引起格外強烈的反響，人們紛紛議論「這聽鼓的詩人怕要變成擂鼓的詩人」。大家慫恿他把所講的內容寫下來，他也躍躍欲試，幾天後，1943 年 11 月 13 日，聞一多的〈時代的鼓手——讀田間的詩〉，便發表在昆明的《生活導報紀念周年文集》。在國民黨統治區，一位著名教授敢於公開讚揚解放區的詩人，這還是破天荒頭一回。朱自清說，「這篇短小的批評激起不小的波動，也發生了不小的影響。」

　　上述一大段引言，節錄於聞一多的孫子聞黎明所著的《聞一多──涅槃的鳳凰》一書中。平情而言，田間的暴享大名，與聞一多的極力吹捧是有很大關係的。但在戰鼓聲已遠的今天，可能已沒有幾人知曉田間這號人物，畢竟靠特殊時代背景而作詩的詩人，終比不上人類永恆課題歌詠愛情浪漫來得持久，如徐志摩之流者，是以田間的身影漸遭世人遺忘，似乎也在情理意料之中。然凡走過必留下痕跡，中國新詩壇上，田間確實曾有其一席之地。

　　田間（1916-1985），原名童天鑑，安徽省無為縣人，筆名田間，表明他要到田間去，走大眾化的創作道路之意。生於 1916 年 5 月 14 日，幼年在鄉下私塾讀書即喜讀詩，14、5 歲時讀了聞一多的詩集《死水》後，便對新詩發生很大的興趣，自此更酷愛新文學作品，並開始嘗試新詩之創作。1933 年，田間就讀於上海光華大學外文系，隔年加入「中國左翼作家聯盟」，並負責「左聯」刊物《文學叢報》和《新詩歌》的編輯工作，且主編過《每月詩歌》。田間的新詩創作之路算是出道甚早，17 歲時已開始寫詩，1935 年出版了第一本表現中國人民苦難鬥爭的詩集《未明集》，1936 年，接連又出版《中國牧歌》和《中國農村的故事》兩本詩集，甚獲文學大家茅盾的好評。這兩本詩集因為反映了以東北抗日和紅軍長征為背景的農民運動，遭到國民黨當局的查禁。

　　1937 年春，田間赴日遊學，在那裏他接觸了裴多菲、涅克拉索夫、馬雅可夫斯基等人詩作的影響。唯不久「7・7」變起，田間毅然回國參加抗戰。「8・13」淞滬戰後，田間由滬抵武漢，奮筆疾書寫下長詩〈給戰鬥者〉，詩的結尾是「戰士的墳場，會比奴隸的國家，要溫暖，要明亮。」此詩以催人上陣的號角之聲，震動整個詩壇。詩人艾青讀此詩後十分激賞，建議他將此詩投到《七月》雜誌去，《七月》主編胡風看後亦非常欣賞，立即寫信給田間鼓勵一

番，並隨即在《七月》以首稿刊出，而詩人艾青也因此詩與田間訂交，成為好友。

1937 年 10 月 19 日，「西北戰地服務團」（簡稱「西戰團」）在延安成立，團長為丁玲、副團長舒群、周立波；團員有史輪、邵子南、戈予、巍崎等 33 人，初期主要活動區域為晉、陝兩省。田間於 1938 年春與聶紺弩、孔羅蓀、蕭軍、蕭紅、端木蕻良等一行人，赴晉省東南臨汾「山西民族革命大學」作文藝輔導工作並參加八路軍。未幾，因戰局影響，田間乃北上延安，旋即加入該團，並任戰地記者。

「西戰團」是中共領導的文藝隊伍，它的工作特點，據團長丁玲說，一是戲劇改革，二是發起「街頭詩運動」，三是做農村文藝工作。如「西戰團」在西安，曾與「易俗社」合作演出新編戲曲〈白山黑水〉，此齣改良劇即為田間之作品。由陳凝秋（塞克）導演，夏革非主演，演出效果尚佳。於此期間，田間除寫些戰地通訊外，重心仍在詩的創作上，他曾寫下不少戰鬥的詩篇，前後出版的詩集有《給戰鬥者》、《呈在大風沙裏奔走的崗衛》、《抗戰詩鈔》、《她也要殺人》等。田間以急驟的短行來表達強烈的戰鬥聲音，短小的詩行使感情表現得更為有力。

1938 年初夏，田間與「西戰團」在西安工作告一段落後回到延安，有一天，他遇到詩人柯仲平，除談起在西安搞戲劇改革外，也談到馬雅可夫斯基的〈羅斯塔之窗〉，還聊到中國過去民間的牆頭詩。從此，他與柯仲平決心發起「街頭詩運動」，讓詩人成為民族化、大眾化的歌手。是年 8 月 7 日，延安街頭掛起「街頭詩運動日」。什麼是街頭詩，其為一種短小通俗，帶有鼓動性的韻律語言。在田間與柯仲平起草的〈街頭詩運動宣言〉即談到：「有名氏無名氏的詩人們呵，不要讓鄉村的一堵牆，路旁的一片岩石，白白地空著。也不要讓群眾會上的空氣呆板、沉寂。寫吧，抗戰的、民族的、

大眾的。唱吧，抗戰的、民族的、大眾的。……」由此宣言大概可知其訴求與內容了。

　　同年 8 月，田間加入中國共產黨，年底隨「西戰團」開赴敵後晉察冀抗日根據地，親上戰場與敵周旋。在征途中他與邵子南、史輪，提著標語筒，用白粉筆、黑炭木，沿途寫詩。他們寫在門窗邊、石頭上、寫在被轟炸的斷垣殘壁上。他的〈假使我們不去打仗〉、〈毛澤東同志〉、〈義勇軍〉等短小精悍，富於鼓動性的街頭詩，都在此情境中寫出，其內容充分展現了中國人民抗日鬥爭的高昂情緒，對鼓舞抗戰的民心士氣，影響甚大。誠如田間在日記本上寫著：「詩和歌，並不是一兩個天才者的專業，不是所謂天才者的獨占品。詩歌一定要和群眾同心腸、共命運。」田間的詩，是充分體現自己詩歌之理念的。

　　1941 年，田間任中共陝甘邊區文協副主任，並被選為邊區參議員。1942 年，毛澤東在「延安文藝座談會」的講話發表後，田間積極響應毛的號召，到孟平縣委任宣傳部長。1943 年至 1949 年間，田間除轉任雁北地委秘書長、張家口市委宣傳部長；並兼晉冀區黨委及任《新群眾》雜誌社社長。在參加和領導雁北地區的土地改革中，田間以其親身經歷，寫出了表現農民在共產黨領導下，翻身求解放的敘事長詩〈趕車傳〉、〈戎冠秀〉、〈一桿紅旗〉；中篇小說〈拍碗圖〉及散文〈孟平英雄故事〉。基本上，抗戰時期，田間的短詩是有了顯著的變化與進步，如〈給飼養員〉：「飼養員呵，把馬餵得刮刮叫，因為你會明白，它的主人，不是我和你，是，中國！」一個偉大的主題與遠景，就這樣短短幾行、幾個字，一語道破了。

　　1949 年，中共建政後，田間作為華北文藝代表團團長參加全國第一次文代會，在會上田間提出詩歌創作要延續過去「民族化、大眾化和戰鬥化」的積極主張。在周恩來的鼓勵下，田間尚任中國作家協會黨組成員、創作部副部長。其後，田間對之前的力作〈趕

車傳〉重新撰寫，預計分為七部，企圖描繪出中國革命時代的精神面貌。此後，田間先後又擔任中國作協創作辦公室主任、中央文學藝術研究所秘書長、中央文學講習所主任等職。

此外，田間亦擔任《詩刊》編委，除續寫〈趕車傳〉外，還寫了好幾首長詩〈麗江行〉、〈龍門〉、〈英雄戰歌〉等。韓戰（中共稱「抗美援朝」）期間，他兩次赴朝鮮慰問，在前線與戰士共同生活，並列席了「板門店談判」。這期間，他寫出了〈板門店記事〉和膾炙人口的長詩〈北京——平壤〉等作品。韓戰結束後，田間曾深入雲南、內蒙、甘肅、新疆等地生活，並在當地作長期觀察，於此期間，他將觀察所得，陸續寫出《馬頭琴歌集》、《太陽和花》等十多部詩集。此外，他也曾代表中國，於 1954 年出訪東歐，出席「亞非作家會議」。

1957 年冬，田間到河北懷來縣蹲點，既擔任黨的工作，亦從事「采風」和創作。「反右運動」期間，他寫文章批判老朋友艾青，此舉頗遭非議。1958 年任河北省文聯主席、《蜜蜂》雜誌主編等職。1964 年，出席第三屆全國人民代表大會，後到埃及開羅參加「亞非作家會議」，出版短詩集《非洲遊記》。1959 年至 1961 年，田間完成《趕車傳》的改寫工作，該書宏偉磅礡，可說是其畢生代表作，曾被譯為多國文字。除《趕車傳》外，田間此際亦是其創作的高峰期，曾出版《誓辭》、《天安門贊歌》、《東風歌》、《汽笛》、《火頌》、《1958 年歌》、《向日葵》、《田間詩鈔》、《田間短詩選》、《卡佤人》等十幾部詩集。另外，還有《海燕頌》、《新國風贊》等評論集和《歐遊札記》、《火花集》等散文問世，算是一位非常勤於寫作的多產作家。

文革期間，田間備受迫害，從「牛棚」到「農場」，後是「五七幹校」，度過了八年漫長的黑暗歲月，但他對新詩之信心一如既往，仍努力探討新詩發展道路。1978 年出版了紀念周恩來的詩集

《清明》，於是年亦當選了全國第五屆人大代表。此外，已編出和即將出版的尚有《天山詩草》及寫農業機械化和抗震的詩集《長城行》。田間晚年疾病纏身，但他仍帶病下鄉，並寫出〈青春中國〉等詩篇，出版詩集《離宮及其他》。重病期間仍筆耕不輟，還為文探討新詩的發展，1985 年 8 月 30 日逝世於北京，享年 69 歲。

　　基本上，田間何以被聞一多稱為「擂鼓的詩人」呢？原因在於抗戰期間，其詩歌特色高昂激越，質樸乾脆，節奏急促，旋律跳動，猶如進軍的鼓點，富有戰鬥氣息，如擂鼓般高亢。林曼叔、程海、海楓編著的《中國當代作家小傳》中，對田間評價頗高，說他「在三十年代初與艾青、臧克家同負盛名。第一個詩集《未明集》於一九三五年問世，以詩情豪放和內容充實著稱，接著又出版了《中國牧歌》和長詩《中國農村的故事》，其強烈的戰鬥氣息和獨特的風格，給人們新鮮的感覺，有『牧歌詩人』之稱」。

　　張放於《大陸作家評傳》一書，也給予高度的肯定，說「我國抗日戰爭時期，詩的發展有了可喜的成就。詩人田間，他對新詩的民族化、大眾化與戰鬥化，進行了可貴的探索，而且取得了顯著的成績，尤其他的短詩，既不借用傳說或神話，也不使用旁白或插曲，田間憑他『直白』的調子，來向讀者表達宣傳他的思想，這些短詩的形象是集中的，韻律和韻腳也是鮮明的。因此，田間的短詩最受讀者的歡迎。」中國建政後，他向民歌學習，在新詩的民族化、大眾化方面亦作出可貴的探索，在規律中求變化，在變化中求規律。他一生出版了三十餘部著作，他的詩具有鮮明的獨創性，對中國新詩之發展有其突破性的貢獻，其詩作曾被譯為多國文字，在國際間也有其影響。

　　然就詩之內容及藝術言，周錦在《中國新文學史》書中，對田間則有頗為嚴苛的批評。周評論道：「嚴格的說，他的詩的水準並不高；而且顯得有些怪，特別是分行方面，完全失去中國風味。其

所以被譽為大詩人，乃是因了共產黨有計劃捧成的——抗戰期間真正屬於共產黨而作品又多的詩人，是艾青、田間、柯仲平，在政治的運用下發動政府區的左派文人，以介紹和批評的方式塑造典型。」例如田間有些詩怪得不成東西，「棕紅的棒子，紫黑的槍，土黃的鋤頭，白亮的刀子，……全升起來了，都響了。……」這樣的作品，聞一多硬說：「簡短而堅實的句子，就是一聲的『鼓點』；單調，但是響亮而沉重，打在你耳中，打在你心上。你說這不是詩，因為你的耳朵太熟習作『絃外之音』。」至於好些作品的流於庸俗，胡風卻把他說成是「第一個拋棄了知識分子靈魂的戰爭詩人和民眾詩人」，真是完全沒有了是非。

司馬長風於《中國新文學史》的評論則較為公道：「三十年代在『內容高於一切』的那些詩人當中，唯有艾青和田間較有風格，留下了若干較有詩味的作品。」田間和艾青都是抗戰前夕成名的詩人，田間一開頭就從泥土中鑽出來歌唱廣大農村的苦難，風格頗似臧克家。他們都是怵目驚心百年喪亂，生民熬煎的苦難，又激於日本暴虐的侵略，遂提起了筆當做了槍，勇赴戰鬥。在這種狂激的熱流之下，他們荒疏於文學的尺度，就不值得奇怪了。他們與那些以抗日為手段，為階級革命橋樑的黨員作家根本不可同日而語。

但司馬長風與周錦一樣，也認為田間的詩在分行上頗為怪異，如〈中國底春天在號召著全人類〉：「又是『一‧二八』了！中國底春天，走過——無花的，山谷，走過——無笠的，平原，望著它底，曾經活過了五十年的人民，人民底，肩膀，在倚著，壕溝，人民的，手，在撫著，槍口，向法西斯軍閥，人民底公敵，堅決戰鬥。中國底春天生長在戰鬥裏，在戰鬥裏號召著全人類。」題目那麼長，詩句這樣短；說它是詩，又像口號；說是口號，又有幾分詩意。在這裡我們完全不理解，「人民底手」，有什麼必要分寫成兩行，這大概就是獨特的個性使然了。

　　李牧在《三十年代文藝論》一書，對田間的詩則言：「若就三十年代新詩所呈現的思想與內容以觀，大致可別為反侵略的、寫農工的、抒情思的。而此三者，又以反侵略的作品最為豐富，也展示得最為有力。可見當時的作者，雖然有不少深受馬列主義之惑，而其國家之愛，民族之愛，仍然洋溢於作品之中。」在日本軍國主義者瘋狂侵略中國的年代，賡續無數個事變而來，憤怒之火，燃燒著每一個炎黃子孫的胸膛。在國家面臨生死存亡的關頭，唯有起來戰鬥，勇敢的戰鬥，不顧一切的戰鬥，於是，詩人田間寫下了〈給戰鬥者〉的詩：「我們，必須，戰鬥了，昨天是憤怒的，是狂呼的，是掙扎的，四萬萬五千萬呵！鬥爭，或者死……。」

　　在這樣一個悲壯的時代裏，像這樣一類的作品，真是太多太多了。幾乎每一個詩人皆在從事這一方面的創作。田間的作品，除了以短促有力見勝之外，他無可取。不過，他的詩，倒不失為一種最好的宣傳工器，戰鬥的力量，所以為中共特別看重，說他的詩，具有著「更巨大的社會影響」。當時為共黨所看重的左翼「農民詩人」，田間和楊騷、臧克家、艾青齊名。

　　其實田間的詩，最著名的是他的朗誦詩，中國詩本來是可以朗誦的，因為它具有音樂性。唯自五四以來新詩的創作，已無音樂性可言，也就無法朗誦了。在抗戰期間，田間等詩人發起「街道詩」、「傳單詩」運動，以社會群眾為對象，以具體的戰爭以及政治事件為題材，確曾收到頗大的效果，因而「街頭詩」、「傳單詩」曾流行一時。尹雪曼在《中華民國文藝史》提到朗誦詩時即說，該種詩體係用流利的音節，通俗的語句，在群眾之間朗誦，其效果又在「街頭詩」之上，所以「朗誦詩」成了抗戰時期的利器，和一種相當流行的新詩形式。

　　而在抗戰期間流行的朗誦詩，又以田間最具代表性，田間的朗誦詩，善用短句，矯勁有力，感情豐富，那簡短、注重朗誦節奏的

形式，係受了蘇聯詩人馬雅可夫斯基的影響。以〈多一些〉一詩為例：「聽到嗎？我們，要趕快鼓勵自己底心，到地裏去！多一顆糧食，就多一顆消滅敵人的槍彈！要地裏，長出麥子；要地裏，長出小米；拿這東西，當做，持久戰的武器。多一些！多一些！多點糧食，就多點勝利。」再如〈假使我們不去打仗〉：「假使我們不去打仗，敵人用刺刀，殺死了我們，還要用手指著我們骨頭說：看，這是奴隸！」田間這首詩直接地鼓舞著不願作奴隸的人們，只有打仗，才有出路，只有抵抗，才有希望。話的確是「夠斤兩」，簡捷俐落，有激動力，從詩來看也確如聞一多所說，只是單調、低沉的「鼓點」。

當然聞一多也承認這些都不算成功的詩，但它所成就的那點，卻是詩的先決條件──那便是生活慾，積極的、絕對的生活慾。它擺脫了一切詩藝的傳統手法，不排解，也不粉飾，不撫慰，也不麻醉，它不是那捧著你在幻想中上昇的迷魂音樂，它只是一片沈著的鼓聲，鼓舞你愛，鼓動你恨，鼓勵你活著，用最高限度的熱與力活著，在這大地上，所以，他是「時代的鼓手」。

總的說來，雖然田間的詩，在文學界的評價頗為兩極，但這並不影響他在中國新詩史上應有的地位。田間之所以被稱為擂鼓詩人，乃在於其詩遍佈山崖水邊、街頭閭巷、城市鄉村；甚至於學校牆壁，對動員群眾鼓舞抗戰，有著難以估計的重大影響。田間彷彿是一位鬥志昂揚的鼓手，大汗淋漓雙手不停的敲擊著戰鼓，激勵國人的抗日情緒，而他自己也以身作則，「邊打仗邊寫詩」，曾親上前線參與過抗日戰爭，他以親身的作戰經歷，留下擂鼓般的抗戰詩篇，這就是田間。他的詩在藝術的價值上雖有討論的空間，但也不能說毫無可取之處，尤其難能可貴的是，田間在三十餘年的創作生涯中，一直保持著充沛的創作力與嚴肅的創作態度，從三十年代起，他始終是中國新詩壇的一員猛將。

「胡說巴道」的衛大法師

──衛聚賢──

　　昔時文人學者多怪癖，國學大師章太炎自認「瘋癲」，章氏高足黃侃的狂妄，國人皆知，名士劉文典之孤傲，敢和蔣介石頂撞，寧丟安徽大學校長亦不在乎，一身矛盾的吳宓之苦戀毛彥文所表現的痴，因為疑古連姓都不要的「疑古玄同」錢玄同，因嗜臭而猛聞女人小腳的辜鴻銘，諸如此類流傳甚廣的軼聞趣事，形成民國儒林學界的一道特殊風景線。這些望重士林的學者名流，並非標新立異的故作姿態，而是本身特立獨行的風骨使然。較之當今學界眾多的庸碌之輩，遙想當年那些大師的風範，頗令人神馳嚮往。談到民國年間儒林學界大師之「怪」，號稱「衛大法師」的衛聚賢，也算是其中一絕。

　　近讀散木（郭汾陽）先生的《現代學人謎案》一書，內有〈「衛大法師」──史壇怪才衛聚賢〉一文，勾起筆者當年與「衛大法師」的數面之緣。衛聚賢是筆者的老師，雖然並未聽過他的課，但有幾次請益之緣。事緣於 1978 年，筆者就讀於輔仁大學中國文學系，時系主任王靜芝師敦聘衛聚賢於中文研究所任教，教些什麼？筆者也不知，可能是小學、文字學、《說文解字》之類的。會對「衛大法師」感興趣，是王靜芝師常言輔大中文系師資陣容堅強，如臺靜農、葉慶炳、鄭騫、陳新雄以及衛聚賢等。

　　因仰慕這些大師聲名，在一個初秋的黃昏，我們幾個同學特別拜訪了「衛大法師」，初次晤談聊些什麼早已忘記，印象最深的事

有兩件：一為其濃厚的山西口音（那時均叫做外省口音）很難聽的懂；二是他的裝扮仍保留著民初學者的特色，矮矮身材穿件灰色長袍，手持一根高過身的龍杖，雖飽經憂患但仍精神飽滿，聲若宏鐘侃侃而談。這是「衛大法師」給我的最初印象，時間大約在 1981年左右，以後雖仍請益幾次，畢業後也就斷了聯繫，最後也幾乎遺忘了這位頗具特色的「衛大法師」了。

說起衛聚賢的「怪」，在於他向來主張「胡說巴道」，這胡說巴道不是亂說一通，而是做學問宜有創見，勇於提出新看法、新觀點，但要去求證、去找證據證明其假設之正確與否。衛是有考證癖的，他對自己的胡說巴道還有點沾沾自喜，說到胡說巴道，他述其由來為第二次大戰前，他任職上海中央銀行經濟研究處，編纂《右文字源》，聘幾位學生、書記編錄統計。一日，寫字間玻璃書櫃破掉，露出白木板甚不雅觀，衛急中生智，乃書「胡說大王處，巴道山集團」，有人謂「巴道」當為「霸道」，衛考證世人咸稱「霸道」為非，真正原義是為「巴道」，因《左傳》載周室人說：「肅慎燕亳，吾北土也；巴濮楚鄧，吾南土也。」是以古人以「巴」為南方最遠之地，「蠻幹」可對「巴道」，而不可對「霸道」。因《孟子》上有「王道」、「霸道」，「霸道」和「巴道」音同，就誤為「霸道」了。

另外，針對外界常批評其言論「胡說巴道」，衛亦有一番說詞，有次他在重慶的山西同鄉會演講，即自我解嘲的說：「我的『胡說巴道』是地理環境所造成。山西省和綏遠省原來是一個省。綏遠省在內蒙古，蒙古在古代為胡人地，我是山西人，我在山西同鄉會說話，因此我的話就是『胡說』。重慶是古代巴國的都城，今天山西同鄉會在重慶開年會，我在重慶的山西同鄉會說話，是以我的話就是『巴道』。」衛之博學與幽默風趣及長於考證，由此可見一斑。

衛聚賢（1899-1989），字懷彬，號助臣、耀德，號衛大法師；又曾化名魯智深、韋大癡子等，山西萬泉北吳村人，清光緒 25 年

4月2日（農曆3月12日）生。幼承庭訓，好發議論，天資聰穎，遇事喜追根究柢，不弄清楚絕不罷休，家人以為異。入私塾後，求知慾更強烈，已不能滿足傳統塾師的刻板教法，為追求更廣闊的知識，乃離鄉負笈省城，就讀於山西省立商業專門學校。衛在商業專門學校已表露其考證長才，一、二年間居然作了〈齊桓公西伐大夏考〉、〈介子推隱地考〉、〈汾水南流西流考〉、〈中國人種西來南來說〉四篇考證文章，並將那四篇文章輯印成書，名為《一得錄》，後又自己出資出版〈春秋圖考〉一書。

1925年9月9日，赫赫有名的清華大學「國學研究院」成立，以吳宓為主任，聘請王國維、梁啟超、陳寅恪、趙元任為「四大導師」，後又增聘講師李濟，開啟中國學術教育史上，短暫而輝煌；甚至略帶傳奇的「國學研究院」時代。衛於1926年考入國學研究院，為第二期學生。衛在清華以中國上古史為專修科，師從王國維，原本研究題目是〈中國古代商業史〉，後因《左傳》資料有問題，又觸發衛之考證癖，因之將研究題目改為〈左傳之研究〉，指導教授先是王國維；後為梁啟超。衛此論文用最新統計學的概念，「用已知數推求未知數」的方法，最後大膽假設《左傳》非左丘明所作而是西河子夏。後任公贊許衛的創見，在燕京大學演講時，還特別提到衛之獨見。

另一大師胡適，也注意到衛的這篇論文，以胡適當時如日中天的聲望，一個二十來歲的年輕人衛聚賢之論文，能得到胡適的評論，可說是非常不簡單。此事經過，可由胡頌平編著的《胡適之先生年譜長編初稿》第二冊，1927年10月4日載得到證實。胡適針對歐洲漢學家珂羅倔倫（Bernhard Karlgren；即高本漢）的《左傳真偽考》一書，寫了一篇長文〈左傳真偽考的提要與批評〉。文中提到衛聚賢在此書的跋文中，批評高本漢所論中國字「於」、「于」兩字之分別時，衛聚賢認為此二字之演變，「是只有時間性的，而

無空間性的」說法。胡適對衛的論點也提出批駁，胡適認同衛指出文法變遷之有時間性的說法是不錯的，但對衛說「於」、「于」之別只有時間性而無空間性的論斷就不以為然了，胡認為衛這樣的論斷是太武斷的結論，是大錯的。

胡接著說高本漢的特別貢獻，是他指出文法差異與地域的關係。他用文法上的區別來證明《左傳》不是魯國人（指左丘明）做的，這點和衛聚賢以其他資料考證《左傳》的著者非魯人是不謀而合的。只不過衛的證據稍嫌薄弱，充其量只是個「大膽的假設」，高本漢從文法比較上的證據，倒可以替衛聚賢添加不少強有力的佐證，故胡適批評衛聚賢，應該擁護高本漢，而不是冤枉他。胡適最後寫到「總之，《左傳》的年代問題，此時還在討論的時期，還沒有定論。現在我們稍稍有把握的一點只是《左傳》不是『魯君子左丘明』做的。衛先生提出的『《左傳》不是山東人做的』一個假定，得著珂先生的文法比較的結果，可算是有了強硬的佐證；而衛先生在《左傳》之研究裏舉出《左傳》祖魏，又詳于述晉國霸業，而略于齊桓霸業，等等佐證也可以幫助珂先生的結論。這可見我們只要能破除主觀的成見。多求客觀的證據，肯跟著證據走，終有東海、西海互相印證的一日的。」

胡適對衛在學術研究上，有些論斷在證據薄弱時就勇於「大膽假設」雖略有微言，但仍肯定衛對《左傳》的某些研究，是可供高本漢參考的。以高本漢在歐洲可謂研究漢學的權威，以及胡適在中國的學術地位，一個尚名不見經傳的清華國學研究院之專題論文，會讓胡適以東海、西海相比擬，足見衛此文是有其獨特創見的。

誠如研究清華大學史的台灣學者蘇雲峰在《從清華學堂到清華大學：1911-1929》書中所言：「清華國學研究院的學生大部分一年畢業，每人在學期間都寫了好幾篇論文。最令清華感到驕傲的是他們並沒有學位，而大多數人都能終生從事於教育和學術研究的工

作，且有卓越的表現。今日眾多文史研究所碩士甚至博士學生，雖接受長期研究訓練，一旦畢業後，鮮能終生從事學術研究者。由此可見清華國學研究院在中國近代國學教育史上之地位。」

蘇雲峰又說：「清華國學研究院在這短短的四年中，竟能開創出一股研究國學的新風氣，實在也是近代教育史上的一個奇蹟。」觀乎那四年（1925-1929）清華國學研究院所錄取的七十四名學生中，如周傳儒、陸侃如、王力、王靜如、方壯猷、楊鴻烈、張貴永、姜亮夫、姚名達、徐中舒、吳其昌、謝國楨、蔣天樞、羅根澤、劉節、藍文徵、劉盼遂與衛聚賢等，那一個不是以後在中國教育界或學術界之翹楚。

1927 年 6 月，衛從清華國學研究院畢業後，短暫回山西與幾位友好開辦「興賢大學」。1928 年北伐成功，閻錫山晉軍進駐北平，1929 至 1930 年，閻與蔣爆發「中原大戰」，閻覬覦清華，南京派來校長吳南軒被逐，清華校長成為各方政治勢力角力的焦點。衛對母校校長人選之爭，曾致函胡適，建議胡擔任清華校長未果。衛後來到上海，除在滬上幾所大學教書外，後由薛篤弼介紹到南京任大學院科員，專事審查歷史教科書；繼又兼任南京古物保存所所長，期間曾參與主持挖掘南京新石器文化遺址與明故宮遺址。

不久，衛因與大學院院長蔡元培不合而請辭，返鄉參與挖掘漢汾陰后土祠及萬泉新石器文化遺址工作，其中部分出土文物曾運往北平展覽。1931 年「9‧18」國難後，衛回到北平，任教於北京女子師範大學及中法大學等校。其後，聚賢又再度到上海，任教於暨南大學，曾作〈老子為雲南人考〉，滇省人士大喜，不久就由省府將「老子」列為雲南古人物之一。1932 年「1‧28」淞滬戰爭後，他又被迫返晉，擔任太原國民師範學校教員，並兼山西省政府「十年建設委員會」委員。

　　「淞滬停戰協定」簽字後，衛再度回上海任教於暨南大學，並兼上海持志學院、中國公學等校教授。1936 年 8 月，他與蔡元培、于右任、吳稚暉、葉公綽等名賢，為提倡研究吳越史地，成立了「吳越史地研究會」，公推蔡元培為會長，吳稚暉、鈕永建為副會長，衛則任總幹事主持會務。此會網羅不少學者專家與政要名流，後來出版《吳越史地研究論叢》，即為該會之成果，這當中，以衛出力最多，貢獻也最大。其後，衛又組織「說文社」，從事歷史、文物、考古、文字學等之研究，並自費發行著名的《說文月刊》。1937 年，抗戰軍興，衛繼續留在上海編《說文月刊》，漢奸誤以為衛留滬是暗中替政府做事，乃令其三日離滬，衛離開上海到了四川，因與孔祥熙同為晉人，為孔羅致幕中辦事，擔任中央銀行秘書，孔時為行政院副院長兼中央銀行總裁。聚賢名義上雖為中央銀行秘書，但真正的工作是替孔聯絡文化教育界人士。

　　時大後方諸多文化教育界人士生活清寒，有的甚至衣食無著，衛的任務即銜孔之命，調查清苦的教授或文化界人士的生活情況，若發現有生活艱困者，立即報告孔氏，由中央銀行酌情予以接濟。因此，抗戰時期，很多逃往大後方的教授、學者、名流，都是由衛氏奉命負責招待或接濟的。藍文徵談到他親眼見過衛接濟過郭沫若，郭某當時生活困頓，時常發表批評政府言論，衛建議孔祥熙救濟郭某，以降低其不滿政府的情緒。孔接受衛的意見，撥了一筆相當數目的錢給郭某，郭之生活立即改善不少。後來，郭知道情形係由衛幫忙，十分感激常至衛處所寒暄，成了衛的座上客。每逢缺錢時，郭必拜訪衛，而每次郭向衛拱手為禮時，不等郭開口，衛即將錢塞入郭口袋中，彼此心照不宣，相互含笑而別。

　　1941 年，衛得孔祥熙財力支援，在重慶復辦「說文社」，重新發行《說文月刊》，並在七星崗設立印刷廠，員工近兩百人，規模甚大。另有書店兩處，《說文月刊》本著以文會友的意義，與教育

文化界保持密切聯繫。這分刊物水準頗高，口碑不錯，刊出文章稿費優厚，衛之做法完全是想對當時清苦教授及文化界人士的一點補助，此刊物一直到抗戰勝利還都後才停辦。此外，「說文社」還在香港出版十二種書，名為《說文社中興叢書》，在港亦甚為暢銷。

1951 年 1 月 31 日，衛因對共產黨政權失望，乃由重慶逃到香港，以教書為生，歷任香港私立珠海、光夏、聯合、遠東、華夏等書院教授；香港大學「東方語文研究所」研究員等職。1975 年 3 月 5 日，衛由香港返台定居，除任教輔仁大學外，寫作研究仍筆耕不輟。雖年事已高，仍親赴台灣各高山從事田野調查，如赴新竹五峰鄉深山考證矮人祭等。1989 年 11 月 16 日，衛於新竹逝世，享年 90 歲。

近人黃麗飛於《觀人誌──評述當代人物》書中，有一文為〈談衛聚賢，念孔祥熙〉，文中引述另一作者唐英豫，在台北《中國人》雜誌發表的一篇文章為〈藍文徵無限感慨談當年，「大法師」衛聚賢的故事〉。藍與衛同為清華國學研究院的同期同學，也是唯二赴台的國學研究院學生，時任立法委員兼台中東海大學歷史系教授。藍文徵說：「衛在清華埋首於故紙堆中，非常用功。其詼諧坦蕩的心胸，和一絲不苟的性向，同學輩為其起了一個外號，叫做『大法師』，因此，衛在當時的報上發表文章，都以『大法師』為號而不名。」

衛一生著作等身，有《中國人發現美洲》、《中國社會史》、《文字學》、《中國考古學史》、《十三經概論》、《古史研究》1─3 集、《錢的故事》、《山西票號史》、《七國年號索引》、《中國預言集》、《如何認識中國文字》、《十字架在中國》、《黎明前夕集》、《智慧創造世界》等；來台後尚有《臺灣山胞與越閩關係》、《堯舜禹出現於甲骨文考》、《龍年談龍》、《臺灣山胞由華西遷來》、《火與火藥》、《咬文嚼字》等。

　　衛一生研究領域包羅萬象，涵蓋文字學、考古學、人類學、民俗學、神話學、經學、歷史學與社會學，完全符合當年清華國學研究院，培養博雅通儒的宗旨與傳統。尤其是衛以其獨特的研究方法，利用他自小熟悉的「算盤」運算於史學研究；亦即是運用統計學於史學，這在當時是有其開創性的，此法後來被稱為「歷史統計法」，衛在此領域可說為史學研究另闢蹊徑（後來他在上海暨南大學教授「歷史研究法」，還特別編寫了《歷史統計學》一書，交由商務印書館出版）。

　　除著作研究外，衛亦作育英才無數，曾歷任南京古物保存所所長、國民政府教育部編審、上海暨南大學教授、私立上海持志學院中國公學教授、國立西北大學教授兼文學院院長、中央銀行經濟研究處協纂、中央銀行秘書處秘書等職。衛仙逝已二十餘載，但衛大法師與學生常聊的警語仍不時出現腦際，「處處留心皆學問、事事如意非丈夫」、「猛發財是腐化的前奏，享清福為死亡的等待」、「研究學問主張傳統，傳統是懶惰的代名詞」、「極權之下，想寫不敢寫；睡進棺材，想寫不能寫」等，看似鼓勵學生的惕厲之話，實際上，不也是他畢生躬身實踐的寫照。

迷離失蹤的懸案

——費鞏——

　　提到費鞏，國人可能相當陌生，甚至未曾聽聞。其實此公來頭不小，他是袁克定的乘龍快婿，民國大總統袁世凱之長孫女婿。他是復旦大學的學生領袖，留學英國，長期執教於浙江大學，抗戰勝利前夕，戲劇性的在陪都重慶失蹤。此事曾轟動一時，成為各媒體競相報導的焦點，而其失蹤案，也因撲朔迷離，眾說紛紜，最後原因為何？仍未破案，成為民國史上的「懸案」之一。茲因國人對其了解不多，筆者參考若干資料，來略敘其人其事。

　　費鞏（1905-1945），本名福熊，字寒鐵，一字祥仲，後改名鞏，字香曾，江蘇吳江人，生於清光緒 31 年（1905），卒於 1945 年，得年 41 歲。費鞏誕生於一書香門第世家，祖上代有功名，父親費樹蔚，字仲深，號韋齋，著有《費韋齋集》，母吳本靜，為前湖南巡撫甲骨金石文專家吳大澂第六女，本靜五姊吳本閑則嫁給袁世凱長子袁克定，故費鞏與袁世凱家族實有親戚關係。1917 年，費鞏至上海，入南洋模範小學就讀，結業後改進復旦大學附屬中學。1923 年秋，考入復旦大學國文系（後改為中國文學系），後轉至社會科學系。1925 年冬，與表妹家第（家棣，字慧泉）結婚，家第為袁克定長女，是以費鞏乃成為袁世凱之長孫女婿。1926 年夏，費鞏自復旦大學畢業。

　　1928 年秋，費鞏至法國巴黎深造，後繼往英國倫敦大學政治經濟學院肄業，1929 年，轉往牛津大學攻讀政治經濟學，研習各

國政治制度和西洋史。1931 年 6 月，費畢業返國，茲因「9‧18
事變」國難起，費為激發勵志，慕北宋先賢曾鞏之行誼，乃改名為
鞏。9 月，費鞏出版《英國文官考試制度》；冬，任《北平日報》
社評委員，後由陳望道介紹，至上海中國公學任教。1932 年，應
母校復旦大學聘，講授英國政治制度，同年出版《英國政治組織》
一書。1933 年，費應浙江大學校長郭任遠邀，赴浙大任教，講授
西洋史、政治經濟學等課程，同年《比較憲法》一書付梓，此書為
當時該領域最權威之大學用書。1937 年 7 月，抗戰軍興，浙大被
迫西遷，一遷建德，再遷泰和，三遷宜山。

1938 年 11 月，費鞏亦千辛萬苦，隻身離滬，乘輪經香港，轉
陸路卒抵宜山，任浙大教授。其後浙大又徙貴州遵義，1940 年 8
月，費鞏繼姜琦為浙大訓導長兼主任導師。費以其留學英國背景，
受自由學風影響，於訓導長期間，大刀闊斧的從事校務興革，舉凡
實施導師制、准許學生自治會辦「生活壁報」（當時戲稱叫「費鞏
壁報」），學生可於壁報上大鳴大放，不受任何檢查或限制；並與學
生研發改良用香煙罐製造植物油燈，學生稱之為「費鞏燈」等，將
地處偏遠的浙大，營造一股相當民主自由活潑的學風。

1941 年春，因費鞏在浙大縱容共黨活動，引起校方當局注意，
被迫辭去訓導長職務；同年 7 月，費離黔赴滬省親並休息一年。1943
年 2 月，費鞏重返浙大，然未幾，因掩護浙大左派學生；及謠傳在
校組織政黨（自由黨）等事件，驚動了「軍統局」，該局遵義工作
站站長錢濟霖，會同國民黨遵義縣黨部書記長潘宜英，欲逮捕費
鞏，後因故改為監視其行動。1945 年元月，費鞏離黔入川，因休
假一年，乃應母校復旦大學校長章益（友三）聘，主持該校「民主
與法治」特別講座，並發表〈人民自由與國民大會〉、〈容忍敵黨與
開放輿論〉等文章，積極鼓吹戰後國、共兩黨共組聯合政府之說。

2月7日，費鞏在重慶參與簽名〈文化界對時局進言〉書，該〈進言〉由郭沫若主稿，柳亞子、沈鈞儒、顧頡剛、馬寅初、周谷城、茅盾等一般文化名人俱簽名於上。3月5日，費鞏在動身前往北碚復旦大學時，在碼頭候船時忽告失蹤，「費鞏失蹤案」瞬間轟動山城重慶。當時新聞吵得沸沸揚揚，各種捕風捉影的消息甚囂塵上，甚至驚動最高當局。蔣下令軍警單位嚴查，蘇籍參政員與復旦同學代表，也在參政會秘書處召開「費鞏教授失蹤案」報告。但經過將近半年的調查，案情仍陷膠著且毫無進展。

至於費鞏之所以失蹤及其死因，據費鞏好友程滄波在〈記費鞏教授〉文中言：「當時只有幾種猜測：一種猜測是被他的學生謀害，因為費先生在浙大曾任訓導長，或對學生訓導方面過嚴。另一種猜測是共匪將他謀害而想嫁禍於國民黨。其餘各種猜測，亦只是猜測，軍警機關對此案始終是沒有隻字的報告披露。」

對程滄波的講法，筆者頗不以為然，筆者倒以為是國民黨「軍統」所為的成份較大，因為在抗戰期間，「軍統」暗殺特定對象已時有所聞，如重大漢奸或反國民黨人士。像先前唐紹儀、曾仲鳴的遭暗殺案；戰後李公樸與聞一多之慘案，均是鐵證。而費鞏之前在浙大的包庇共產黨學生事，以及其批判國府的言論，早已被國民黨及軍統局盯上，兼以其後費並未有所收斂，反而仍積極參與左派文化人士的活動，如簽名〈時局進言書〉等。在殺雞儆猴的威嚇心理下，證諸國民黨過去的暗殺史，其對費鞏下手的可能性是相當大的。當然這也只是筆者合理的懷疑，至於真正的真象，恐怕如石沈大海，永遠是個謎了。

另有一事也頗值一提，世人咸認為費鞏為一左傾教授，中共於費鞏死去多年，也在1978年9月，由「上海市革命委員會」追認費鞏為「革命烈士」，1980年，其衣冠盒（代替骨灰盒）安葬於上

海龍華「革命烈士陵園」。中共此舉，似乎正式對外界承認，費鞏為中共革命烈士。

然弔詭的是，在費鞏失蹤四月餘，其浙大同事兼摯友的青年黨籍史學家陶元珍，以筆名「雲深」撰寫〈我所知道的費鞏〉之追悼文章，在青年黨的刊物《青年生活半月刊》第 4 期（1946 年 8 月 16 日）發表，文中披載一段驚人內幕，即費鞏親言，他曾加入過青年黨前身「國家主義青年團」之事。費告訴陶說：「我在復旦讀書，便超出國共之外，我和程中行（滄波）先生，那時都加入國家主義青年團，曾與程氏一道去看過左舜生先生，也許他忘懷了，我不久休假到重慶，還要去看左先生。程中行先生，自進了國民黨，屢次勸我仿傚他，他曾寫信給我，請我也入黨，我是不願參加任何黨派，我是決不從他的。」

費鞏後來常在陶元珍處，借閱當時青年黨最重要的言論喉舌《新中國日報》閱覽，對該報之言論給予高度的評價，李璜因此特別每日贈閱該報給他。而費鞏也投桃報李，特別交代浙大遵義學生服務處（學生服務處係基督教男女青年會合辦的學生救濟機關，遵義一所，可說是專為浙大服務的，離浙大文工兩院很近，裡面備有不少書報期刊，連《新華日報》都有，卻沒有《新中國日報》，在裡面工作的浙大學生，素來敬重費鞏，故費鞏一說即訂閱了）也訂閱一份《新中國日報》，供浙大學生閱讀。由此小事也可看出，費鞏雖沒有正式加入青年黨，但對青年黨是頗有好感與同情的。

陶文又提到一事，即費鞏言及他有兩篇文章，主張中國應仿行英國的政黨政治，因無處發表而苦惱。文章曾交給《思想與時代》，卻遭編輯郭斌龢退稿；續投張志讓主編的《憲政月刊》，更慘遭沒收的命運。最後還是接受陶的建議，由陶於赴重慶時，當面交予左舜生，由左任編輯的《民憲半月刊》予以登出。有趣的是，費鞏還告訴陶，其原本怕文章刊出後，可能會對自己招來不利，但

事後並無任何問題。故在宴請陶時說:「我的文章發表出來了,卻並沒事,恐怕政治已略為改善了吧!」費鞏失蹤後,陶一直納悶懷疑,是否因那兩篇刊載在《民憲》的文章而賈禍?筆者亦想釋疑一下。

筆者研究青年黨 20 餘載,蒐集青年黨史料甚多,十餘年前曾由國內最高史政機構國史館影印發行一套「中國青年黨史料叢刊」二十餘冊,分成若干輯,其中第七輯即《民憲半月刊》,雖然《民憲》筆者蒐集不全,幸費鞏害怕賈禍的兩篇文章均有。費鞏投給《民憲》的第一篇文章是〈實施憲政應有之政治準備〉,發表在《民憲》第 1 卷第 5 期(1944 年 7 月 16 日)。

文章內容不長,主要強調此次大戰民主國家的勝利,亦即民主政治之勝利,故戰後民主政治之盛行,為大勢所趨。而實施民主政治必有憲法,但他憂心實行憲政不難,難於有真憲政。頒布憲法不難,難於能真奉行。費鞏說:「憲政也,憲法也,徒外表耳,政權之嬗遞有常軌,民意之伸張有保障,斯為實質。名與實果能符合與否,為憲政成敗之所繫。」

因此在戰後中國欲實施憲政前,國人宜有所準備,此種準備即求實行憲政條件之具備。費鞏說:此憲政條件有物質與精神兩種,舉凡人口調查、土地測量、警衛治安與交通便利等。中國當時的物質條件雖不佳,但只要政治清明,行政有效率,尚不難達到;所難者,乃是精神條件。費鞏提出的精神條件,尤側重公民政治訓練之獲得與養成,他說此舉即中山先生所說的「訓政」。而所謂的「訓政」,除行使四權外,尤甚於基本之訓練,即是教人民如何成為一個公民。

費鞏以其留學英國的背景,受英國民主政治影響甚深,他以英國哲人羅素的話,界定「公民」的定義:即一位自己具有而且容許他人具有政治態度的人。是以一個成熟的公民,必須具備有主張、

肯批評、能容忍，守法紀等條件。而真正的訓政，也不僅只有訓練人民使之服從法令而已，更重要是在教以公開討論國是，監督政府。社會上有識者對政府善意之批評，宜獎掖尊重之，有健全之輿論，才有健全之政治。

費鞏指出，獨裁政治之異於民主政治，是前者對社會之輿論謀壅塞；後者對人民之言論重疏洩。結果所至，在獨裁政治之下，人民捨革命外無他法，但在民主政治下，人民對政府不滿，可以在法律範圍內，加以指正，縱不見納，憤鬱已宣，亦自無礙。故憲政之作用，在使怨誹者有正當之發洩，否則不為政治之無由改進，即為反動之激起，如川壅而潰，傷人必多，此為吾國在實施憲政前，應有之政治準備也。

第二篇文章是〈王之反對黨〉，登載於《民憲》第 1 卷第 8 期（1944 年 10 月 20 日），內容主要強調民主政治，非由兩個以上之政黨不可。政治主張不同之人士，應可以自由為政治之結合，可以公開活動，以合法手段從事於爭取政柄。蓋民主政治之要諦，為誰出當政，決於選民，故至少須有兩黨始能聽民抉擇，亦始能收互相監督之效也。費並舉英國政治之成功，其因在反對黨之得力以證之。英國之反對黨，稱為「王之反對黨」，反對黨之能力，在盡力抨擊政府，且謀推倒當局，取而代之；而政府之所以自處，在申辯，在解釋，在可能範圍內，給予反對黨之意見以相當的尊重與容納。所以承認反對黨為合法團體，可由政治常軌取得政權，實為政黨政治成功之主要條件，亦即民主政治成功之主要條件也。

看樣子，費鞏發表於《民憲》的兩篇文章，確實客觀公正，對民主政治與反對黨的功能，也分析的鞭辟入裡，實無賈禍之嫌。費鞏之失蹤，我想仍以筆者推論的可能性較大為是。

書生從政的典範

———蔣廷黻———

　　國民黨在大陸時期，曾經網羅一批學者從政，為蔣的獨裁妝點一些門面，但被起用的這些知識份子，確也以其專業和能力，在內憂外患的大時代中，為國家做了不少「實心」的事。不論是短期從政的胡適，在抗日最艱困的歲月，出使美國爭取盟邦的支援與同情，當年胡適僕僕風塵於美國各地的演講，不僅將中國艱苦卓絕的抗日情況有效的告知美國民眾，也扭轉了近百年來西方人對中國的偏見。胡適在外為國家做事，但那是為苦難中國的付出，而不是為「一黨一姓」服務。

　　同樣與胡適具有「自由主義」思想的蔣廷黻也是如此，蔣廷黻長期持節在外，為國家從事外交工作，周旋於列強間，其不卑不亢的外交風格，曾贏得國際間的敬重。但對內，蔣與胡一樣，秉其知識份子的風骨，言所當言，做該做之事，就算得罪當道也不以為意，其晚年在美國倡議組織「中國自由黨」一事，就是最好的範例。「哲人日已遠，典型在夙昔」，在舉世滔滔一群爾虞我詐的政客群中，胡、蔣等人書生從政的典範，更令吾人神馳懷念。

　　蔣廷黻（1895-1965），湖南邵陽人，1895 年（清光緒 21 年）10 月 21 日生，祖籍江西吉安，後徙湖南邵陽。廷黻父僅受舊式私塾教育，後從商小有聲名。其二伯父蘭甫公則相當重視教育，寄子姪輩努力讀書以博取功名，故督課甚嚴。廷黻 6 歲入私塾，10 歲至長沙，就讀於明德學堂小學部，後又轉學湘潭長老會設立

之益智中學，以其學校英文較優，對日後廷黻前途幫助較大也。辛亥鼎革，益智因時局不靖而停辦，時廷黻已志在留學，於 1912 年隨益智校長美籍林格爾夫人赴美，入密蘇里州派克學堂就讀，以其學校可半工半讀也。

1913 年 5 月，廷黻得湘省獎學金，經濟略有改善，唯未幾又遭取消，廷黻仍賴工讀以完成學業。1914 年夏，廷黻轉至俄亥俄州歐柏林學院（Obelin College）肄業，主修歷史。1919 年夏，廷黻入哥倫比亞大學研究院深造，仍專攻歷史，師從名史學家海斯（Carlton. J, H. Hayes）研究，後獲得哲學博士學位。1923 年春，廷黻學成歸國，任天津南開大學歷史系教授，講授西洋史。在南開六年期間，廷黻除與學生合譯恩師海斯的《族國主義論叢》（Essays on Nationalism）一書外，主要貢獻是廷黻已將目光轉移到外交史料的整理。《近代中國外交資料輯要》上卷與促成故宮博物院影印《籌辦夷務始末》，都是廷黻此際的業績。

1929 年夏，廷黻改任清華大學歷史系主任，期間仍潛心於外交史料之蒐集，除《近代中國外交資料輯要》中卷編成外，尚撰寫〈琦善與鴉片戰爭〉、〈李鴻章——三十年後之評論〉、〈最近三百年東北外患史〉等，均是見解卓越，擲地有聲的鴻文。1931 年「9．18」國難後，廷黻憂心國事，感覺到知識份子除了教書和研究外，應該替國家多作點事，因此與胡適等友好，於 1932 年 5 月 22 日，發起創辦《獨立評論》周刊。該刊旨在「希望永遠保持一點獨立的精神，不依傍任何黨派，不迷信任何成見，用負責的言論來發表我們各人思考的結果：這是獨立的精神。」

《獨立評論》周刊主要作者群為丁文江、傅斯年、翁文灝、任鴻雋、陳衡哲、陳之邁、吳景超、張佛泉、梁實秋等，均為海內俊彥，可說是華北知識份子的重要言論喉舌。他們曾就政治、外交、經濟等方方面面，針砭時弊，向政府提供興革建言，輿論報國，在

當時發揮甚大的影響力。也因此引起政府高層的關注，蔣、汪等政府要員還先後接見胡適、丁文江與廷黻等，對大局有所垂詢。廷黻是《獨立評論》的主要撰稿者之一，先後於其上發表文章六十餘篇，主要內容是廷黻對日和戰、對蘇外交、中國近代化與統一問題，提出他個人精闢的見解。

試舉例一、二為證，「9‧18」國難後，白山黑水瞬間淪入日寇手中，國人悲憤莫名，紛紛要求政府立即對日一戰，尤以熱血青年，更恨不得立刻上戰場殺敵。廷黻則以為年輕人愛國之情可感，但不可有勇無謀，意氣用事。他說：「絕不可輕言戰爭，單憑愛國熱忱，是無法阻止一流強權之侵略」、「現在急務不在繼續戰爭，而在內部充實」、「我民族的出路在建設」，這些理性之聲在當時一片抗日聲浪中，是非常不中聽的，但是廷黻知道中國實力之所在，「小不忍則亂大謀」，不能在國力未充的情況下，討眾人所愛而輕易言戰的。

但廷黻也以一個歷史學家的遠見，看到日本侵華必敗之結果，他說：「日本軍人除為日本民族預挖墳墓外，別無所事，所可憂慮者，日本之失敗，未見得就是中國之勝利。」此真是超越時代之見解，時盧溝橋事變尚未發生，中日亦未開戰，但日後日本之敗，廷黻似乎早已預料其中；尤其日本之敗，並未見是中國勝利之說，觀乎戰後國、共內戰及蘇聯在亞洲的擴張與漁翁得利，更令吾人佩服廷黻當年之遠見。

至於在中國近代化與國家統一問題上，廷黻亦有其卓識與獨到看法，廷黻認為中國欲發展，近代化與國家統一，是至關重要的兩大課題。提到近代化，他說：「中國近代的厄運，主要原因是現代化之遲緩，也就是內政改革之失敗」、「科學化和機械化就是近代化，……均發源於西歐。近代化就是這種文化發展史。……能利用這種文化來生產、來防守國土者就生存，不能者便滅亡，這是近代史的鐵律，沒有一個民族能違反的。」清季中國的洋務運動（自強

運動）與日本明治維新，基本上，都是一種追求近代化的過程，而日本之所以成功，與中國何以失敗，原因在於「近代化的遲早快慢和程度，是決定近代國家命脈的要素」。

此外，近代化工作與國家統一更是息息相關，兩者相較，廷黻認為國家統一應居先。他談到：「民國以來，我們一面要接受近代的科學和機械，一面又因內戰把國家分割了，政權分散了。近代化關係民族前途太大了。不近代化，我們這民族是不能繼續生存的！不統一，我們近代化就不能進行！」而何謂統一，廷黻言簡意賅的說：「所謂統一，就是一個國家祇有一個政府，和一個軍隊。於國府之外另設政府，或是於國軍之外去另組軍隊，這是最毒的滅殺國力的方法。在民族生死關頭之際，無論這種行為，假借什麼名義或主義，都是絕頂的罪惡。凡破壞統一者，都是民族的敵人，其罪惡不下於漢奸！」廷黻的這番話，在對照於當時擁兵自重的中共，和其他各省的實力派軍人，是不是有弦外之音呢？

而如何實現國家的統一呢？廷黻以為須建立一強而有力的中央政府，知識份子尤其更要擁護中央政府，廷黻認為「中國不統一，內亂永不能免；內亂不免，軍隊永不能裁，而建設無從進行。我們應該積極擁護中央，中央有錯，我們應設法糾正。我以為中國有一個強有力的中央政府，縱使他不滿人望，比三、四個各自為政的好。許多人說政府不好不能統一，我說政權不統一，政府不能好。」廷黻基此認知，故堅決支持蔣介石對中共的圍剿，以及其他軍閥的討伐，他是個主張「武力統一」者，其理念與蔣的想法不謀而合，故其後受蔣青睞與重用，自在預料之中。

唯廷黻的「武力統一」論，並不為好友胡適所認同，胡適與廷黻在外交問題的看法上大致相同，唯獨在政治問題上兩人卻大相逕庭。所以圍繞於是否「武力統一」而衍生為「獨裁與民主」的論爭，在當年《獨立評論》幾乎形成好友間的一場筆戰。胡適倡民主，廷

黻主獨裁。胡適於 1934 年 1 月 8 日的日記，即有記載其「作一文論武力統一之不可能，為《獨立》八十五號之用。八十四號八十三號有蔣廷黻、吳景超兩文，皆主張武力統一，他們都不是有政治作用的，而其效果將有『教猱升木』之患。故我作文闢之。」是年 11 月 15 日，胡還致函廷黻，為他發表不少贊成獨裁的言論提出忠告。

12 月 28 日，廷黻回胡信仍不改初衷的說：「我絕不爭意氣，如果我考察的結果證明我錯了，我一定認錯，不然，我自應該更努力的提倡。」同時，廷黻對胡適的政治主張，也提出婉轉的批評，他認為「獨立的政治主張已夠灰色了，經濟簡直沒有主張，投經濟稿子的人似乎更帶書生氣，更不敢有所主張，我們因此失一個很好指導輿論的機會。」對胡適主持《獨立評論》的偏頗，廷黻是略有微言的，當然，政見的不同並沒有妨礙他們的情誼。有關胡、蔣對「獨裁與民主」的論爭，過去學界研究已多，在此僅點到為止。

1934 年 6 月，廷黻利用休假之便，前往歐洲考察，7 月至俄國，奉蔣之命與俄國高層接觸，試探中蘇合作之可能性。其後，廷黻歷遊英、德等國，除蒐集他的最愛外交史料外，兼亦考察各國國情，其對德國印象頗佳。1935 年 9 月，廷黻由歐返國，曾特別為文介紹德、俄兩國政治情況，以增進國人對此兩國之了解。廷黻的政治主張深獲蔣之認同，故蔣決定挽廷黻進入政府服務，是年 11 月，蔣出任行政院長，秘書長為翁文灝，廷黻為政務處長，此為廷黻之初次從政。

初次從政，廷黻即表現不俗，其最重要貢獻在於成立「行政效率研究會」，廷黻當年已看到政府「辦公習慣的現代化程度之不足」，而思有所興革，他延聘甘乃光主其事。該會聘沈仲端與陳之邁兩位清華教授負責考察地方行政；另外，因廷黻研究歷史，自然

重視檔案，他主張用科學方法來管理檔案，有效提升政府的行政效率。由於廷黻的雷厲風行，故在抗戰時期，重慶各機關的檔案，以行政院最有條理和最完備。

因著廷黻對外交的強烈興趣，及對蘇聯國情之瞭解，1936 年 6 月，國府特派廷黻為駐蘇大使，於任內廷黻廣結善緣，不但與蘇聯外長李維諾夫建立良好交情，和美國駐蘇大使戴維斯亦是莫逆之交，此所以抗戰初期，蘇聯對中國提供的援助遠比英、美為多，此皆廷黻外交之功也。1938 年元月，廷黻卸任回國，重任行政院政務處長，他認為抗戰時期大後方應當有一個類似《獨立評論》的定期刊物，目的不在評論戰時軍事政治的得失，而是由大家來討論戰時和勝利以後的建設方案。於是他與翁文灝、何廉、吳景超、陳之邁等人發起創辦《新經濟》半月刊，該刊於 1938 年 11 月創刊，吳景超為編輯。

廷黻對這個刊物非常重視，時常提出討論項目，如國營與民營事業界限的劃分，工農業建設的基本政策等，請專家撰文討論，他本人有時也在這個刊物上發表文字。最重要的代表作即〈百年的外交〉，探討自 1839 至 1938 整整一百年的中國外交，評論政策及主事者的利害得失，堪稱廷黻對外交獨特看法的精心之作，到今天仍有其參考價值。又當時中國菁華地區泰半淪入日寇手中，政府稅收嚴重短缺，物資非常貧乏，因此有人主張實施配給制度，廷黻也頗不以為然，蓋廷黻認為先要使生產與分配合理化，如此才能實行物資的配給制度。

1944 年 11 月，廷黻出任聯合國善後救濟總署中國代表暨行政院善後救濟總署署長，唯因善後救濟在中國困難重重，且待救難民過多，復因受戰爭破壞之區又大，交通中斷運輸工具不足；兼以內部人事傾軋，致使廷黻「寓建設於救濟之中」的理想未能實現，因此於 1946 年 10 月，廷黻辭去署長職務。1947 年夏，國府再度借

重廷黻外交長才，委其為中國駐聯合國常任代表，至 1961 年始調任駐美大使。總計廷黻晚年，幾乎將全部精力放在中國當時最重要的兩個外交職務，尤其是擔任十六年之久的聯合國常任代表上，可以說廷黻半生事業在外交，而主要成就也在外交表現上。其中最為大家津津樂道的是，當年他在「控蘇案」上的傑出表現，其事前周全的準備，主動出擊有效掌握國際情勢，雄辯滔滔舌戰群雄，致使支持蘇聯的國家代表亦啞口無言。

沈怡先生在為陳之邁所著的《蔣廷黻的志事與平生》序中亦言：「國家何幸，在這一段最困難的時期中，而有這樣一位卓越的人物，來擔任外交最前線的工作，使得最剽悍兇狠的蘇聯代表，除卻強詞奪理一片謾罵之外，簡直不是對手。沒有人稱廷黻先生為『蘇聯通』，他也從不以此自負，但以他早年所作學問上的種種準備，恐怕很少人有他那樣對蘇聯的認識。」我想沈怡先生的這番話，當無過譽。

有關「控蘇案」的經緯，廷黻在事後曾撰〈三年控蘇的奮鬥〉以記其事，「自民國三十二年秋季起，政府要我專心一意的籌劃戰後的救濟與復元。在此以前，有的時候我曾參加過政府內部關於外交問題的研究與討論。三十二年秋季以後，直到三十六年秋季，我沒有機會過問一般外交問題。立法院在三十七年要求提控蘇案的時候，我拒絕表示意見，因為我那時對中蘇關係在抗戰末年及戰後初年的演變一點都不知道。

三十八年夏季，外交部催我對此問題提供意見，我仍舊拒絕，但建議部長許我回國研究這個問題，或由外交部送有關卷宗到紐約，並派專家來美協助研究。外部決定派盛幫辦岳攜帶中蘇關係全部檔案來美。這是我個人與控蘇案發生關係的開始。控蘇案預備工作的下手是在徹底的客觀的研究案情，這是我當時決定的基本原

則。在三十八年的夏末秋初，我又恢復了研究歷史檔案的生活，好像十幾年前我在北平故宮博物院研究軍機處檔案一樣。」

就因為廷黻如此鍥而不捨的研究案情，使蘇聯從帝俄時期即不斷侵略中國的鐵證無可辯駁；兼以廷黻對當時國際情勢的掌握，使得 1953 年 2 月 1 日，聯合國第六次大會在巴黎舉行，終於通過譴責蘇俄違反 1945 年 8 月「中蘇友好同盟條約」並侵略中國的決議案。「控蘇案」的成功，不僅是廷黻個人了不起的外交成就，也是一吐近百年來，我國外交在國際間屢遭羞辱挫敗的怨氣。廷黻的成功，誠如史學家吳相湘在〈蔣廷黻學以致用〉一文評論道：「在蔣的宦海生涯中，有一點與眾多政治人物不同的是，他始終注意新知識的追求，並以非常客觀的態度和實事求是的精神來衡量和處理問題。」

此外，關於台灣的中華民國政府，在聯合國的代表權問題，廷黻於其任內，也是竭盡所能的爭取國際間的同情與支持，使得從 1951 至 1961 年間，中國代表權問題均是以緩議方式，保住中華民國在聯合國的席位，這裡頭，廷黻折衝運籌之功，貢獻至為大矣！前外交部次長楊西崑說：「他有個性，有辯才，懂得靈活運用歷史知識。因此，他在聯合國裏，能發揮他的長處，……他在聯合國處理控蘇案及代表權案，可以看出他所遭遇到的無比困難，以及他的成就。他判析事理，主持會議，草擬講稿，總能把握重點，更可以看出他才識的深度，以及他對國家的貢獻，他真是國家棟樑之才。」楊氏之評價甚為公允，也是合乎歷史事實的。

1957 年 4 月，廷黻當選中央研究院人文組院士，除外交成就外，也是對其學術上的肯定。1961 年冬，奉調為駐美大使，仍兼駐聯合國常任代表，1962 年辭常任代表，1965 年，廷黻卸下幾十年外交公職，請辭退休，原擬返台定居，在中央研究院近代史研究所從事中國近代史的研究工作，不幸於是年 10 月 9 日病逝紐約，享年70 歲。

　　廷黻之個性有湖南人之「騾子脾氣」，剛毅而不媚俗，狷介耿直，甚至有點西洋人所說的「知識上的傲慢」，即以上文提及其與胡適政見之異同，迄於晚年在其回憶錄上，他還是堅持如此，這也是廷黻可敬可貴之處。就因其剛正不阿，擇善固執，知其不可為而為之的精神，乃為知識份子從政樹立了典範。無怪乎其逝世後，有人感慨的說到：「自蔡元培、丁文江、胡適、傅斯年以來的北方學統從此絕矣。」

　　「北方學統」為何？我以為即實心做事，有能力、有操守，公而忘私，腳踏實地，不攀附權貴，不出賣風骨，秉持知識份子的尊嚴與專業，真心為國家幹一番事業，言所當言，是其所是的傳統。觀廷黻於 1949 年 12 月，在美國與張君勱、顧孟餘等自由主義人士，宣布組織「中國自由黨」，並公佈了《中國自由黨組織綱要草案》，其後雷震的《自由中國》半月刊，曾登出此草案內容。廷黻的此一行動，被台灣的國民黨當局，視為海外一股「第三勢力」運動，而加以扼殺。試想，以廷黻當時還是國府派駐聯合國的常任代表，食國家俸祿，長期受蔣介石提攜，但在國府敗退來台，風雨飄搖之際，深感只有民主自由可以救中國，故呼籲組「中國自由黨」以救國，雖未成功，然廷黻「書生論政」之知識份子的風骨，於此可見一斑。

懷才不遇

——丁文淵——

　　江蘇泰興地靈人傑，丁氏一門的成就，更是蜚聲國際，丁廷楣、丁廷標、丁廷榘、丁文江、丁文淵、丁文浩等，皆一時俊彥，在民國史上，於地方、財經、政治、學術、教育等領域，都頗負盛名，有聲於時。丁家為泰興縣黃橋鎮望族，丁文淵的高祖丁椿（字古園）是丁家七世祖丁喬年長子，曾在沔陽、廬州、袁州等地為官。丁椿是長房，下有丁桂、丁楷兩個弟弟，是以鄉里習慣俗稱丁椿為「大椿」或「椿大房」。丁椿在父親去世後，遵父遺囑設「丁氏義莊」以贍族，這是最能顯示丁氏家族之社會地位的創舉。

　　丁文淵父親名丁禎祺，字吉庵，元配夫人王氏生一長女，王氏卒，吉庵公續娶單夫人，生長子文濤、次子文江、三子文潮、四子文淵；其後側室又生文瀾、文浩、文治等昆仲，其中以「如此風流一代無」的丁文江在中國最為有名。其在科學、政治、文化、教育等方面的建樹與成就，較之同時代的陳獨秀、胡適、魯迅、李四光、竺可楨等亦毫不遜色。而丁文江也是影響丁氏家族最重要的人物，他不僅是丁家的精神領袖與經濟支柱，更以其崇高的道德人品，身教言教的深深影響著後輩弟兄，丁文淵即是最深受丁文江影響教誨的弟弟。

　　丁文淵（1897-1957），字月波，江蘇泰興人，生於清光緒 23 年（1897）6 月 21 日生，卒於 1957 年 12 月 29 日，享年 61 歲。文淵 4 歲喪母，16 歲喪父，生計教養均仰賴二哥文江。文淵為文

江四弟,故自幼極非常崇拜二哥,而文江對文淵亦確實影響甚鉅。茲舉二事為證,據〈丁文淵先生自傳〉云:「余嘗有友欲以軍用免票見贈,兄即寓書見責,謂『軍人濫用免票,已不可恕,弟非軍人,更屬非法,實非兄有望於弟者』。後余在德,欲請官費,以減兄之擔負,兄又函責云:『弟之費用,兄已允擔任,不勞弟另籌,若弟自謂資格勤勉學力,均足請求官費,則應知吾國貧寒青年,高出於吾弟者甚多,弟無此必需,而多占一席,能心安乎』。」文淵說此二事,均使其終身不忘,由此可知,文江高風亮節之情操,對文淵之人格養成教育是多麼的重要。

1912 年,文淵隨仲兄文江至上海,入同濟大學附屬德文中學肄業;同年秋,考入同濟大學專攻醫學。1919 年,文淵於同濟大學畢業後,赴歐洲瑞士入楚里西大學深造,次年轉至德國柏林大學,專攻解剖。實習一年後,轉格拉夫斯瓦德大學,再轉佛朗府大學,最後考德法醫學博士學位。期間文淵曾實習於柏林病理學院,工作於格拉夫斯瓦德大學之法醫學院,並曾發表〈指紋遺傳研究〉論文,其博士論文,亦在德國法醫學會年會宣讀,可知文淵學術研究於一般。

畢業後,文淵為減輕文江之負擔,乃任德國佛朗府大學中國學院講師,後升為副院長,熱衷從事於文化宣傳事業,如此凡九年,並娶德籍女子為妻。1934 年,為佛大中國學院創辦「中國民俗博物館」,且專程返國蒐集材料,迄於 1935 年 6 月始回德國。1936年元月,對其影響最大的仲兄文江病逝長沙,文淵為遺囑執行人,聞訊乃辭職歸國,為兄料理後事。是年,第十一屆奧運在柏林舉行,國府特派考試院長戴季陶為政府代表,戴以朱家驊薦,任文淵為秘書,5 月出國,8 月參與開幕典禮,旬日閉幕後,即陪戴晉見希特勒,擔任翻譯。其後遍歷歐陸各國,除宣慰僑胞及留學生外;兼亦觀摩考察各國情勢,期間舟車勞頓備極辛苦,至 9 月底,始偕戴歸

返國門。由於文淵的負責盡職，深獲戴之賞識，故返京後，以戴氏力邀，卒供職考試院，後轉至外交部。

1938 年 9 月，文淵以留學德國，精通德語嫻熟德國故，奉派隨陳介大使至柏林，任中國駐德大使館文化參事，另有參事譚伯羽；秘書關德懋等人。文淵在德國從事外交工作雖短，卻頗有成就感。據其〈自傳〉云：「時值漢口、廣州相繼淪陷，余情緒惡劣，故至德後，不敢顧個人經濟困難，借貸從事，以盡外交官之職。蓋外交官之衣食住行，即其工作最要之工具，無此即不能工作也，因得交德國各方人士，故當時報告我政府之消息，多能與事實相符，此實使余足以自慰者。」1941 年 7 月 2 日，德國承認汪偽政權，國府宣布對德絕交，乃關閉使館下旗歸國，續在外交部歐洲司服務，司長為梁龍。1942 年 3 月，適母校國立同濟大學校長出缺，俞松筠先生向教育部長陳立夫推薦文淵，文淵雖與朱家驊接近，與陳壁壘分明，然陳為國舉才，胸襟開闊毫無芥蒂，欣然接納的委任文淵為同濟大學校長。

文淵接掌之際，尚要求教育部予以充分授權，切勿干預學校人事，不可妄加牽制，其才能以竟事功。而陳立夫部長亦囑文淵全權處理一切，以校務為重，不必有所顧忌。時同濟為師生安全故，正從雲南昆明遷至四川李庄，期間，文淵發揮行政長才，舉凡校產搬遷運送、建築師生宿舍、為學校蓋工廠、增購儀器設備等，莫不處理的井然有序，面面俱到，對安頓同濟師生士氣心理，備嘗艱辛居功至偉。尤其難能可貴的是，文淵掌校之後，隨即延攬薛企鎬為教務長，並「內舉不避親」委族叔丁廷楣為教授兼總務長，而總務長相當於簡任級，文淵以校長如同部長，上任時只能攜帶一位簡任官員，而委婉暗示其族叔只能以年資考試晉升，其公正不阿，絕不循私之風格，無愧為丁家之庭訓。廷楣為不使文淵為難，乃辭總務長

職位，由蔣經國介紹留德朋友魏華錕擔任，廷楣則推薦曾任江蘇省黨部委員，留學日本的邱友錚為訓導長。

文淵掌同濟校長三年餘，至抗戰勝利前夕始辭職，改就中央大學教授，以迄日本戰敗投降。旋教育部長改由朱家驊接任，朱與文淵有舊，兼以先前文淵在同濟的優異表現，故 1947 年 9 月，朱復命文淵重做馮婦，繼董洗凡之後，再度出任同濟大學校長，這在中國高等教育史上是不多見的，由此可見文淵受同濟師生愛戴於一般。時同濟已遷回上海，正致力於重建工作。豈奈國、共內戰已起，受共產黨煽動，各大學學潮不斷，同濟亦不例外。

1947 年 11 月，同濟大學發動學潮，大批學生湧上街頭，時上海警備司令兼警察局長宣鐵吾出動員警戒備鎮壓無效，市長吳國楨親赴同濟勸導安撫學生效果亦不彰。文淵主張以「亂世用重典」的精神，用鐵腕手段方才有效。果然，1948 年元月，文淵以雷厲風行態度，在查明首謀鬧事的中共職業學生後，斷然予以開除處分，一場可能釀成大風潮的學潮，迅速順利的平息下來。

1948 年夏，以國、共戰局緊張，為免無辜生靈塗炭，文淵與端木愷等學者名流，呼籲上海為「不設防城市」，希冀國際列強共同出面調解。後因文淵二嫂以當年上海公廨係二哥文江一手收回，今豈可再請列強共管，喪權辱國，文淵以其有理，是自己一時興起而同意作罷。經考慮再三，乃決定遷徙台灣。是年秋冬之間，文淵抵台，初住北投，後奉蔣介石邀，復回奉化聚議。1949 年 4 月 25 日，京滬陷共之際，文淵與朱家驊、居正、周鴻經、束雲章等自滬乘「建國號」飛機抵台，未幾，旋往香港。

是年 10 月初，文淵與雷嘯岑商量，以雙十國慶在即，擬糾合在港的知識份子，尤以曾在大陸當過大學校長或教授者，以及反共非共人士，聯名發表一擁護中華民國之宣言，並推前北大校長蔣夢麟領銜以壯聲勢。奈何蔣卻託故不簽，致使宣言不了了之。韓戰後，

蔣速赴台且擔任高官（農復會主委），雷對其所為，頗為不恥。未幾，美國巡迴大使吉賽普（Philip Jessup）訪問香港，積極鼓吹中國人應該創造政治上的第三勢力，文淵頗認同其論，曾和張國燾連袂拜會吉賽普多次，表示願意嘗試第三勢力運動，唯最後由青年黨的謝澄平捷足先登，文淵慢了一步卒無結果。雷嘯岑於其《憂患餘生之自述》書中言：「前上海同濟大學校長丁文淵，留德醫學博士，無黨無派，熱心公益，遇事認真踏實，決不敷衍。當年美國巡迴大使吉賽普，在香港贊助中國人搞政治上的第三勢力，如果不臨時爽約，讓丁氏與張國燾負責進行，或許有些成效可觀」，誠為知音之言。

　　1950 年 3 月 1 日，文淵在港創辦《前途》半月刊，並擔任該雜誌社社長。傅正於《雷震日記》上提到，《前途》為第三勢力的機關刊物，此話恐言過其實，說該刊物為第三勢力刊物之一反較恰當。原因為文淵當時正參與許崇智的第三勢力運動，宣鐵吾，彭昭賢，上官雲相等亦為其中堅的一羣。文淵為我國著名的學者，李宗仁代總統臨出國時，聞曾撥付港幣四十萬元與之作辦理教育及宣揚文化之用，惜乎實領到手的僅有一小部份，餘者奉命撥付的劉航琛尚未照辦，即已免職，並吃上官司；文淵雖曾親往台灣交涉，亦無結果。款既不多，文淵只能以之辦一刊物，取名《前途》，宣、彭、上官等即借重這刊物作中心，各方聯絡號召反共，對台灣採取較保留態度，偶亦作善意的忠讜之言。

　　關於《前途》的發行，文淵於 1950 年 2 月 27 日，致函雷震曾有所陳述，他提到其創辦該刊物的目的為「以反共為第一要義。同時目的亦在求如何可以使吾國將來成為一現代之民主國家，使人民能得一最低生活水準之保障。蓋吾人生於此世，均應有機會能享受現代人之生活，然此非有健全經濟基礎不可。凡此種種，

均非中共所能給予。以此而攻擊之，似更為有力。現反共力量薄弱，實須多方面扶植，故同人刊行《前途》半月刊，現已出版。」

文淵於〈發刊詞〉中，除追溯檢討國民黨於大陸失敗的原因外，更對中共極權共產制度，有著嚴厲的批判。因此，文淵一再強調「本刊宗旨在探求中國前途之光明，研討如何使中國走向經濟平等，政治民主，生活自由之路。」是以經濟平等，政治民主，生活自由，可說是該刊立論的三大主軸。故嚴格而言，《前途》的言論，基本上仍以反對共產黨為主，兼亦提倡民主科學之理念。惜不久該刊以資金存放的美豐銀行倒閉而受牽累，致使刊物發行沒幾期，即不得不停刊。

此事在《雷震日記》上也有所披露，雷於 1950 年 4 月 4 日記載：「午間張沅長來訪，談及丁文淵主辦之《前途》雜誌。據稱丁氏由朱家驊介紹見李德鄰，原擬辦一純粹學術性之雜誌，因情勢不許可，未得成功。旋即劉航琛提出如辦反共刊物即可補助，即由資委會款項內補助四二萬港紙，由現代國家社出名具領。惟劉氏不肯一起交出，乃存於某銀行，由丁氏領去開辦費四萬，購一住宅用去十一萬，又購買一印刷所費四萬（此印刷所原擬獲利以維持本社，不料反而虧本），餘款劉藉口監察院彈劾而未付，因此該雜誌雖出三期（按：不止三期），而稿費尚發不出來。社中開支每月需一萬元，有四人每月支一千四百元（丁自己、王聿修、陳君灝生、餘一人；似為丁珉？）張未說明，想是張自己」，另有四人月各支二百元，有一人月支四百元，一所大屋，丁住在內，張沅長亦住在內。張之意擬請予設法取出此款，將《自由中國》與《前途》合併，另成立一機構以管理此款，予拒絕此議。此款在報紙上喧騰，一般人印象惡劣，不可取用，連沾邊亦不可也。」

有關《前途》雜誌創辦的經費來源、資金的使用、內部的工作人員；甚至希望與雷所主編的《自由中國》合併，及最後停刊等事，

雷之日記為吾人提供了鮮為人知的內幕。《前途》停刊後，文淵對參加許崇智之第三勢力運動一事，亦開始提不起勁，蓋文淵本係純正的讀書人，看見許的這個組合，人多嘴雜意見紛歧，且人人喊民主，而又人人要獨裁，厭倦之餘，即不再參與。時美國舊金山方面的民間團體，為營救滯港流亡的中國知識份子，特別斥資在香港成立「中國知識份子救濟協會」，敦請文淵主持其事，當時避居香江一隅的知識份子，十之八九都向該會填表登記了。惜填表登記後，該會並無進一步拯救事實的表現，經過年餘，最後會務亦停止了。

「中國知識份子救濟協會」善後事宜結束後，文淵又邀雷嘯岑及「亞洲出版社」負責人張國興，創設「中國文化協會」，目的為替大陸逃港的知識青年解決困難，如發給伙食費，安排住所，輔導就學等，立意可謂宏偉遠大，當年北大逃港的林希翎、桂省青年粟明德等人，都曾接受該協會及文淵之幫助。對該協會之貢獻，參與其中的雷嘯岑，有段中肯的評論：「中國文化協會成立迄今，已歷二十年以上。創立之初，沒有經費，亦無會所，籌備會議即在九龍總商會內舉行，丁文淵先生那股慘澹經營，不辭勞瘁的奮鬥精神，是值得永矢弗忘的！」除此之外，寓港期間，文淵尚成立「新世紀出版社」，並主持「中國知識份子救濟協會」所辦之編譯所。為「稻粱謀」復兼珠海、新亞等書院教授，主講德國史。暇時並為學生補習德文，協助中國學生赴德深造，致力推動組織「香港中德文化協會」之工作。

1953 年，文淵任昔日《前途》工作同仁陳濯生所創「友聯出版社」及「友聯研究所」之顧問；同年率「香港文教界觀光團」來台參訪，返港後在《自由人》三日刊，發表〈對臺灣的觀感〉一文，盛讚自由中國台灣之種種進步。其後在 1954 年 3 月，國民大會召開前夕，文淵以教育界遴選出國大代表身份，回台出席會議。文淵

並以香港文化界人士意見，提出了為團結海內外反共力量，促進政治民主化，提高政府的國際聲譽，除總統繼續支持蔣先生外，副總統宜請胡適之出來競選，文淵認為這是政府開拓新機，加速反攻復國最理想適當的選擇。

1955 年 5 月，文淵於香港《自由人》三日刊發表〈輿論應有的立場〉一文，暗批台灣若干媒體對政府不夠寬容，他從國情說到國際地位，從處境說到傳統，認為在反共的現階段中，輿論不宜太苛責政府，要多合作，少指責。文淵之文甫出，立即遭到台灣《自由中國》、《民主潮》等雜誌的批評，但卻深獲政府及最高當局的賞識。所以隔年，1956 年，文淵第三度訪台時，政府即給予相當高規格的禮遇，蔣不僅親自接見外，尚與文淵針對一些重要性問題交換意見。

據朱文伯於《懷舊集》書中〈悼丁文淵先生〉文提及，「文淵先生那次在臺還另外向政府有一個建議，就是因為臺北市目前是中央政府所在地，國際觀瞻，民心嚮往，均在於斯，所有市政建設，必須特加重視，如仍居於一省轄市的地位，對於人才延攬與經費籌集，均將受一般性的限制，難有顯著興革，所以建議將臺北市升格為院轄市。他說這一建議，當局也曾答應考慮。」我們不知以後台北市的升格是否為文淵建議的結果，但肯定文淵應該是有和當局提到的。

另有一事，亦頗值一述，據龔德柏告訴學者劉鳳翰，文淵此次返台，也曾親向蔣說情，使龔出獄並恢復國大代表身分，由此一小事，亦可知文淵在蔣心目中之份量。是年，文淵且擔任「香港中國文化協會」主任委員。1957 年 12 月 29 日，文淵因心臟病於香港寓所逝世，享年 61 歲，遺囑將遺體捐與香港大學醫學院作解剖之用，其遺愛人間之情操，令人感佩。1958 年 2 月，台灣當局假台大法學院禮堂為文淵舉行追悼會，張群代表總統致祭，蔣經國、張其昀、朱家驊、陳建中等黨政官員親臨行禮，致祭的貴賓顯要、學

者名流、同濟師生、文化新聞界友人甚多，可謂備極哀榮，其生平遺著三十三篇，彙輯於《紀念丁文淵先生》一書中。

儒林耆宿王覺源先生於《近代中國人物漫譚續集》曾言：「清末民初，江蘇省泰興縣，地靈人傑，出了兄弟兩個著名的學者：一為中國名地質學家丁文江先生；一為中國儒林標準學者丁文淵博士。」其實文淵以一醫學博士，在民國政壇未能遂其所長，除兩任同濟大學校長外，不論在醫學上或外交上，均乏表現之機會，且其成就也差乃兄文江甚遠。以丁氏家族之幹才，這是時代的悲劇使然，也是文淵與國家的損失。其一生多才多藝，文質彬彬，為一典型「名士派」之學者。他的書法極佳，據丁廷楣口述，丁家新年門聯「詩書世澤、禮樂家聲」斗大之字即出其手。

比較特殊的是，其專長所學為醫學，但他後來幾乎把醫學拋掉，反而致力於人文科學，晚年則以從事文化教育工作為多，惜其在港從事自由文化事業，似乎也不十分順心就道，此或許與經濟環境及辛苦照顧重病夫人而分身乏術有關，而另外又遭到一些香港名流人士的排擠，也不無關係。總之，文淵一生可謂懷才不遇，既無乃兄文江之事功，又無可供發展長才之環境。風華既不及兄，晚年復潦倒香江，耳順之年即遽歸道山，時耶！命耶！

從擁汪到投蔣

——顧孟餘——

一、前言

　　五○年代於香港喧騰一時的第三勢力運動中，「中國自由民主戰鬥同盟」（簡稱「戰盟」）是其中一股較大、且最具代表性的政治團體。當年「戰盟」的領導群，有所謂「三張一顧」四大巨頭的稱呼，此三張乃張發奎、張君勱、張國燾是也，背景正屬國民黨、民社黨、共產黨；而一顧即顧孟餘，似可代表國民黨內昔日汪精衛之「改組派」系統，這樣的組合其實還蠻有意思的。張發奎時戲稱「張大王」，北伐時「鐵軍」之統帥，戰功彪炳名聞遐邇。張君勱被尊為「中華民國憲法之父」，更是中外皆知。張國燾在共產黨內的輩份不輸給毛澤東，於中共黨內其實力曾一度遠勝於毛，他所領導的紅四軍，更是朱毛紅一軍所比不上的，1938 年的脫離共產黨，曾經轟動一時。

　　三張皆有聲於時，顧孟餘呢？顯然其知名度不若三張，但稍微了解民國史者，其實也知道，顧也不是省油的燈，此公來頭也不小。顧一生幾乎都在反蔣，早期追隨汪迭次反蔣，大陸淪陷後，又在香港搞「第三勢力」運動，反蔣亦反共，生命的最後幾年，則在蔣的禮遇下回台定居，這不能不說是某種程度的向蔣表態。顧一生學經

歷傲人，唯「棄學從政」且未跟對主子，導致一生沉浮宦海，並無顯赫政績，終遭世人遺忘，此亦頗為無奈之事。

二、佐蔡元培治理北大

顧孟餘（1888-1972）：原名兆熊，字夢漁、夢餘，後改孟餘，以字行。浙江上虞縣人，寄籍河北宛平，清光緒 14 年（1888）9 月 24 日生於北京，自幼聰穎，1905 年入北京譯學館就讀，翌年出洋留學，入德國萊比錫大學習電機工程，因興趣不合，復轉學柏林大學攻讀政治經濟學，因係譯學館出身，除中文外，英、法、德文俱佳。留歐期間，認同孫中山之革命理念，遂加入中國革命同盟會。1911 年辛亥革命成功，孫中山在南京就任臨時大總統，委蔡元培為民國首任教育總長，蔡力邀孟餘為司長，未就。袁氏當政後，蔡辭教育總長職，旋再度赴德，孟餘隨行。

1913 年，國民黨討袁，二次革命爆發，孟餘與蔡氏立即回國參加討袁大業，失敗後，蔡赴巴黎，孟餘居滬。1914 年，德國西門子公司聘其為工程師，乃遷北京。1916 年，袁氏敗亡後，是年 12 月，蔡被任命為國立北京大學校長，聘孟餘為北大教務長，其後並兼任文科德文系主任及法科經濟系主任等職。「五四運動」後，校長蔡元培憤而離開北大，校務幾乎均由顧與蔣夢麟撐持，當時最棘手問題是，北洋政府教育部竟無錢可發，積欠教職員薪水多月，為此顧傷透腦筋，除想方設法四處張羅外，並拜託胡適在上海辦理招考之事。有鑑於政府老是失信於學校，孟餘與胡適等北大教授一直在苦思對策，研擬「自處」之道。1921 年 8 月 23 日的胡適日記即載：「今天夜寄（寫）了兩信託任光帶去給夢漁，一信說招考事；一信說我們『自處』的時期到了，我以為『自處』之法不但是要邀

二三十個同志出來編譯書籍，如夢漁前函說的，還應該辦一個自修大學，不可拋了教育事業。」對照顧後來的棄學從政，此際的顧孟餘，還真是個教育的理想主義者。

是年底，蔡元培到京，為維持北大事，顧與蔡元培和胡適商定：（1）圖書募捐事，（2）主任改選事，（3）教務長改選事，（4）減政事，（5）組織教育維持會事等五項辦法，繼續為北大正常運作盡心盡力。時北大正值多事之秋，各項興革待舉，尤以教授間亦彼此黨同伐異，從胡適此年日記看到其與顧之頻繁交換意見，可知身處其中的顧孟餘，是如何不易的維持局面，再舉胡適日記為證。1921年 10 月 28 日，胡日記言：「孟餘要我代理教務長，我此時自顧尚不暇，如何能代他人？孟餘實在太忙，我若不怕病，或可代他。此時實在對不起他了。」

1922 年 5 月 12 日，孟餘原本參與胡適等所發起的《努力週報》事，旋退出，此亦可見其多慮之一面。又如關於「好人內閣」事，當討論到王寵惠內閣時，胡適、顧維鈞諸人爭辯甚烈，唯獨只有孟餘、李石曾、王星拱等人作壁上觀，似乎還笑胡適等人多事。是年10 月，為北大風潮事，蔡堅辭校長職，孟餘亦萌生辭意。總之，孟餘於北大教務長任職多年，專心致志於院系課程之規劃，風氣之革新，教職員師生權益之爭取，對北大之貢獻可謂厥功甚偉。

1924 年，國民黨在廣州召開第一次全國代表大會，其後，吳敬恆、李石曾、丁惟汾等國民黨元老，為將革命思想帶進北方，集結同志，致力青年黨員之吸收，乃成立國民黨北京執行部，孟餘響應該行動，參加了北京執行部。據李璜的《學鈍室回憶錄》提到，當時「在學校外面，知識份子對政治的運動已相當積極的展開了。一方面是國民黨的左右兩派與尚不為普通人所注意的青年黨人合起來以對付北洋軍閥，而目標指向段祺瑞的執政政府。」

　　李璜舉例說到，如 1925 年 10 月 27 日，北大學生針對段祺瑞政府召集的關稅特別會議，發起「要求關稅自主」的遊行示威，北大教授中的朱家驊、徐炳昶與教務長顧孟餘均參加，教授率領學生幾大隊，行至北大第三院附近北河沿地方，即為軍警所阻，起了衝突。帶頭之一的孟餘，自然得罪軍閥，而為段政府所忌恨。1926年元月，國民黨召開「二全大會」，孟餘當選為中央執行委員。3月 18 日，孟餘又因抨擊段政府在「3‧18」慘案的槍殺學生之舉，兼以先前的反政府遊行之事，終遭北洋政府通緝，乃繞道庫倫，循海道南下廣州，先任廣東大學校長，後辭廣東大學校長職，10 月，改就中山大學副委員長。

三、擁汪成立「改組派」

　　1926 年，北伐進展順利，兩湖吳佩孚已被擊敗，11 月 26 日，國民黨中央政治委員會作出國民政府遷往武漢之決定，蔣介石恐遷至武漢的國民政府，有被共產黨把持的顧慮，對遷漢之舉並非十分配合。有鑒於蔣的權力日益膨脹，為制其「以軍馭黨、以軍干政」的獨裁野心，首批遷漢的國民黨高層，組織了國民黨中央和國民政府臨時聯席會議，決定發起提高黨權運動。1927 年 2 月 9 日，它們決定由徐謙、吳玉章、鄧演達、孫科和顧孟餘五人，組成行動委員會，領導提高黨權運動，並發起「迎汪復職運動」以制蔣。3 月，國民黨二屆三中全會舉行於漢口，改組中央黨政及軍事機構，孟餘被推選為中央常務委員、中央宣傳部長、中央政治委員會委員及主席團主席之一、軍事委員會委員、國民政府委員等職。4 月，汪回國後，迅即與蔣和共產黨陳獨秀展開密談後，於 10 日抵達武漢，並將與蔣密談初步協議，私下告知孟餘等人，且動員孟餘等準備至

南京開會。唯 4 月 12 日，蔣斷然於南京「清黨」。18 日，在南京成立國民政府，推舉胡漢民為主席，國民政府正式「寧漢分裂」。

　　面對寧漢對峙局面，汪為鞏固武漢政權與自己地位，只有加強與共產黨合作一途。4 月 16 日，他重新成立國共兩黨聯席會議，由譚延闓、孫科、徐謙、顧孟餘和他自己代表國民黨，與共產黨的陳獨秀、譚平山、張國燾等共同組成。唯此際，武漢政權正積極推動極左的土地政策，各地紛紛組織「農民協會」，對地主展開鬥爭。4 月 2 日，武漢中央成立一個「中央土地委員會」，並推孟餘與徐謙、譚平山、毛澤東、鄧演達為委員。該會成立後，曾舉行三次會議，唯對於土地問題的討論，並無具體結果。

　　孟餘因不同意武漢政權「極左路線」的土地沒收政策，不僅於會議上反駁毛澤東的主張，毛說：「所謂土地沒收，就是不納租，並無須別的辦法。現在湘鄂農民運動已經到了一個高潮，他們已經自動的不納租了，自動的奪取政權了。中國土地問題的解決，應先有事實，然後再用法律去承認他就得了。」孟餘不以為然的說：「經濟問題應依客觀的情形下判斷，不能盡依主觀而決定。目前應注意有二點：（一）解決土地問題時，農村秩序必然擾亂，耕種停頓，恐發生饑饉；更加上帝國主義者的經濟封鎖，恐將不了之局。（二）在河南提出土地問題時，北伐士兵糧食的供給，恐要斷絕。」

　　另外，他還理性的看到蘇俄對中國革命背後的陰謀，曾於漢口的《中央日報》發表〈蘇俄的政治航線與中國國民黨的政治航線〉一文，指出蘇俄對外挑撥國際戰爭，對內煽動階級戰爭，將政權集中於克里姆林宮少數人之手。而國民黨之對外則與以平等待我之民族和平共存，並擴大國際和平；對內以法律維持社會秩序，並保障人民之自由權利。國民黨與蘇俄所走的是兩條截然不同的政治航線，文中更直接揭發蘇俄企圖赤化中國的陰謀，此舉隱然已伏下汪與共產黨分道揚鑣的遠因。

　　因共黨操縱武漢政權的野心日彰，其後又發生共產國際代表羅易向汪洩密事件，使得汪對共產黨亦起了戒心，而孟餘也力贊汪和平分共。6 月 6 日，孟餘與徐謙、譚延闓、孫科等一行，陪同汪精衛至鄭州與馮玉祥會談，最後促成寧漢合作再度北伐之舉。蔣第一次宣布下野後，孟餘隨汪至南京與桂系李宗仁會談，雙方主張寧漢儘速合作，黨內統一的必要。9 月 11 日，寧、漢、滬三方中委舉行談話會，會上汪提出召開四中全會主張，但遭國民黨元老蔡元培、張靜江、李石曾等人反對，為此，孫科提出一折衷方案，即先成立一個「中央特別委員會」作為過渡，先使合作告成。13 日，汪與心腹譚延闓、孫科、朱培德、陳公博和顧孟餘等密謀，會中，孟餘與陳公博堅決反對汪參加「特別委員會」，汪最後雖被推為特別委員會常委，然其原本欲利用蔣下野之機，重掌黨權的企圖也落空，所以他原是特別委員會的發起人之一，但後來卻一變為反對該委員會。

　　然汪不甘心輕易就範，9 月 22 日，在武漢與唐生智合作成立武漢政治分會，正式與南京特別委員會分庭抗禮，並委陳公博、孔庚與孟餘等三十二人為委員，負責指導黨務政治。29 日，孟餘與唐生智主持的武漢政治分會即發表通電，以十分強硬態度，反對南京特別委員會代行中央職權，由此，寧漢又重回對立狀態，南京且有討伐唐生智之舉。寧漢的劍拔弩張，武漢已非久留之地，10 月底，汪偕甘乃光、張發奎等到廣州。11 月 9 日，汪電召孟餘、王法勤、王樂平、潘雲超等四名中央執監委員至廣州以壯聲勢。當天下午，汪就約集在粵的中央執監委員陳樹人、何香凝、甘乃光、李濟琛、李福林、陳公博、顧孟餘、王法勤、王樂平、潘雲超、陳璧君等開談話會，討論與寧方交涉及開四中全會事宜，討論數小時之久，尚無結論。

　　11 月 16 日，廣州發生張發奎、黃琪翔驅逐代替李濟琛主持廣州政務的黃紹竑的所謂「廣州事件」後，汪以不見容於各方，12月 3 日，國民黨第四次中央全體會議上海預備會議召開。5 日，吳敬恆、張靜江、蔡元培、李石曾等向預備會議提出了對汪精衛、陳公博及顧孟餘三人之彈劾案，要求取消他們出席四中全會的資格，這無疑對汪是一大打擊，汪以不見容於國民黨當局，只有再度悄然赴歐。1928 年 2 月 2 日，由蔣主持的國民黨二屆四中全會在南京召開，汪系人馬幾乎全被排擠出國民黨高層，對此，汪是恨之入骨的，尤其他更不願屈居於蔣之下，因此時思反撲之。

　　1928 年 5 月，先是汪之大將陳公博在上海出版《革命評論》，6 月 1 日，另一汪之左右手的顧孟餘，也在上海創辦《前進》周刊，該刊物除鼓吹「改組國民黨」主張外，孟餘之貢獻，是針對有關先前在武漢政權時，共產黨對農民與土地問題的政策與作法，孟餘以「公孫愈之」筆名，於雜誌上發表大量關於「中國農民問題」的文章，從理論與實際，闡明中國社會非階級社會，力闢階級鬥爭之謬。他說：「階級兩字曾誘惑多少青年去聽別人的命令，階級兩字還是符咒樣的最高真理，學到了一份速成階級論，便可以上通天文，下通地理，中通人事，階級先生的社會階級雖與現實的中國社會不相干，然而在許多人的思想上，確還留下多少印象，造成紛擾。」另外，他也批判共產黨所謂中國是「半封建半資本主義社會」之說，並揭穿鄧演達、譚平山等製作的「土地調查」統計之虛構。

　　是年 11 月 28 日，陳公博、白雲梯、朱霽青、王樂平與顧孟餘等汪系核心份子，在上海召開會議，成立「中國國民黨改組同志會」，簡稱「改組派」。該派以國民黨正統自居，聲稱「本會繼承本黨孫總理的革命精神，以至誠接受孫總理的全部遺教，和第一、第二次代表大會的綱領，……集合革命同志，努力改組運動，務期重

新建設能擔負實現三民主義的中國國民黨而後已。」企圖以提高黨權，來和蔣的軍權對抗，意味十分明顯。

顧對如何改組國民黨，是有自己一套看法，顧主張以民主政治來改革國民黨。至於在國民黨的階級基礎上，顧則根本否定「階級」的存在，他主張以「職業」來劃分，而不以階級來區分，且改革的步伐須溫和漸進，不可一步登天。因此，其改革主張不像陳公博那麼激進，而能得到部分國民黨高層及知識份子的支持，基本上，汪亦比較傾向於顧之主張的。唯不管怎麼講，「改組派」的成立，還是著眼於為汪精衛和蔣爭奪黨權而立的。

1930 年，因北伐完成後，國民政府軍隊編遣問題的爭議，引爆一場北伐後規模最大的內戰，俗稱反蔣戰爭或「中原大戰」。各路實力派軍人如李宗仁、閻錫山、馮玉祥等聯合反蔣；政治上反蔣勢力亦大結合，如西山會議派份子，以及一直不甘屈居蔣下的汪精衛，它們共同組織「國民黨中央黨部擴大會議」，並於是年 7 月 13日在北平舉行成立儀式。8 月 7 日，擴大會議召開第一次正式會議，出席委員有汪精衛、柏文蔚、陳公博、張知本、商震及孟餘等 23人，會中孟餘被推為宣傳部委員。9 月 2 日，擴大會議臨時會議中，又推汪精衛、張知本、茅祖權、冀貢泉、陳公博、鄒魯與孟餘 7人為約法起草委員，汪為委員長。張學良宣布支持南京中央後，迫於情勢擴大會議遷至太原，10 月 28 日，此一約法草案完成，世稱「太原約法」，而擴大會議亦於 11 月 3 日解體。

「中原大戰」結束後，1931 年又爆發「9‧18」國難，外侮日亟，國民黨為謀團結，在寧、滬、粵三地，分別舉行四全大會，孟餘被選為中央執行委員兼常務委員。值得一提的是，對汪以後的行止問題上，孟餘發揮他重要影響力，為國家前途計，他主張汪、蔣宜合作，以共挽危局，由此可見其顧全大局的遠見。1932 年 1月 30 日，在上海之中央委員張靜江等二十六人集議，為應付時局，

建議成立「中央委員駐滬辦事處」，公推孫科、李宗仁、陳銘樞、孔祥熙、吳鐵城、薛篤弼及孟餘等七人為常務委員。

3 月 9 日，國民政府特任孟餘為鐵道部部長，對內清除鐵路建築及管理積弊，獎掖專才鼓勵後進；對外與英、法、比等鐵路債權國談判，整理舊債樹立債信，舉貸新債，並運用庚子賠款購料興工。在此期間，粵漢鐵路之完成、隴海路之延伸、以及正太鐵路的伸展，績效卓著，皆係孟餘之功。1935 年，國民黨召開五全大會，孟餘續被選為中央執行委員、中央政治會議秘書長。是年 12 月，行政院長汪精衛辭職，由蔣兼任，張嘉璈出任鐵道部長，孟餘改任交通部長，迄 1937 年 3 月辭職。

抗戰軍興，國府為集結全國民意，特設國民參政會，1938 年 4 月，孟餘獲聘為國民參政會參政員。孟餘以其學者敏銳的觀察，早已知道中日之戰無可避免，其一生最難能可貴之處，在於秉持民族氣節，大德不虧。世人恆知孟餘是汪精衛「改組派」之中堅，其自己亦不諱言他與周佛海、陳公博是汪之人馬，長期隨汪反蔣與中央對抗。但當汪於 1938 年 12 月潛離重慶，到河內發表「豔電」，赴南京組織偽政府時，他與陶希聖、高宗武等卻拒絕下海，未隨汪附敵。其明辨忠奸善惡，審大是大非之原則，令人敬佩。為感念孟餘的凜然操守，蔣亦捐棄前嫌，1941 年 7 月，蔣邀孟餘由香港至重慶，出任國立中央大學校長。1943 年 2 月，以身體不勝繁劇請辭。1945 年，抗戰勝利後，孟餘赴美，住舊金山。1948 年 3 月，政府行憲後，孟餘被任命為行政院副院長，未就，蔣乃改聘為總統府資政。

四、在香港從事「第三勢力」運動

　　1949 年 8 月，國、共內戰，國府大勢已去之際，代總統李宗仁為圖他日東山再起，乃授意孟餘在廣州組織「自由民主大同盟」，標榜反共、反蔣主張，實已略具「第三勢力」雛型，其核心成員為立法院長童冠賢，黃宇人及一些桂系立委亦加入之。該組織雖由顧負責，唯顧當年掌中央大學校長時，童為教務長，兼以昔日均屬汪之「改組派」，故童深獲顧之信任，乃委其為書記。李撥付港幣二十萬元的開辦費，此款也是由童轉交予顧。是年 10 月，「自由民主大同盟」遷港後，童冠賢於是月 7 日辭去立法院長職，並赴港擁護顧孟餘，儼然是顧的頭號大將，童甚至認為：『當今之世，反共有理論而又有辦法的，只有兩人，武為閻百川，文為顧孟餘，若要有新組織，似非請顧先生出來領導不可』。」對顧簡直是推崇備至矣！

　　至於有關孟餘當年參與第三勢力運動一事，則緣於 1950 年初，前廣州嶺南大學校長香雅各（Dr. James McCure Henry）於解職過港赴美時，會晤了昔時廣東軍政領袖張發奎。晤談中，香雅各積極鼓勵張發奎出面領導反共游擊戰爭，並暗示倘張願意出面，美國將會予以支持。張對此建議亦興致勃勃，且提到可以網羅顧孟餘、童冠賢、張國燾、李璜、李微塵、伍憲子等人一同來參與，香雅各則提到張君勱和許崇智。香謂待其回到美國後，可能會接觸某些人，如事情有所進展，將會寫信給你們。

　　1951 年初，果然有三位美國人帶香雅各的信至香港，其中兩人，一人名為哈德曼（Hartmaun）；另一人為柯克（Cooke），他們聲明渠非代表美國政府，而是代表美國民眾前來協助中國發展第三勢力。逢此難得機會，許崇智表現的最積極，許逐一聯絡了童冠賢、

彭昭賢、張國燾、宣鐵吾、上官雲相、胡宗澤、梁寒操、方覺慧、張任民、伍憲子、伍藻池、王厚生、金侯城、左舜生、王正廷、任援道、鄧錦章、趙立武與孟餘等人，先行發起組織了「中國民主反共同盟」。

唯不久張發奎即與許崇智發生不合，張另外找孟餘合作，欲另組新政團，美方後來也知道許崇智並無多大號召力，且所提計劃也不切實際，故棄許而支持張、顧。而原擬參加該盟之人，也見風轉舵轉而追隨張、顧。許為與之對抗，後又成立「中華自治同盟委員會」，並自任委員長，然其組織因得不到第三勢力人士的支持，旋即解散。

有鑒於香港第三勢力團體的各立山頭，力量分散，在美國強力主導下，張發奎、顧孟餘等決定整合擴大第三勢力組織，將第三勢力建立成一股容納各黨派，有效且有力的反共聯合陣線。其步驟先由彼時在港的各黨派推出代表若干人，再由張、顧邀請參加座談交換意見，最後則成立籌備會，並推選出常務委員主持會務，和負責與美方簽署協定事宜。

張、顧基此原則，於是先提出一組八人名單，計張發奎、顧孟餘、李璜、張君勱、伍憲子、童冠賢、張國燾、黃旭初等八人。嗣美方以人數過少，不足以反映各黨派力量，張、顧乃又提出二十五人名單，分別為張發奎、顧孟餘、童冠賢、許崇智、上官雲相、彭昭賢、宣鐵吾、張純明、張國燾、何義均、黃宇人、黃如今、甘家馨、黃旭初、徐啟明、周天賢（以上國民黨）；張君勱、伍憲子、伍藻池、王厚生、李微塵（以上民社黨）；李璜、左舜生、謝澄平、何魯之（以上青年黨）。

二十五人名單出爐後，張、顧旋於 1951 年的 5 月 11 日邀請大家見面，並宣示建立組織之必要。後因內部意見紛歧，未能取得共識，於是又有 6 月 2 日的聚會。除原則上決定凡係反共人士不屬於

台灣者，一律邀其參加，會中並推張發奎、顧孟餘、伍憲子三人為組織成立前對外折衝的代表。所謂二十五人代表，既各有考量，意見復不一致，使得張、顧欲籌建第三勢力聯合陣線之企圖，不得不暫歸沈寂。

　　1952 年 3 月 23 日，民社黨主席張君勱應張發奎邀，由印度經澳洲抵香港，與張發奎、顧孟餘、李璜、張國燾、李微塵、童冠賢、金侯城、毛以亨、伍藻池等晤面，又掀起第三勢力另一波高潮，彼等決定成立「中國自由民主戰鬥同盟」（即「戰盟」），並委張君勱為該同盟駐美代表。是年 10 月 10 日，「戰盟」發表宣言，正式對外公開，且向美國司法部辦理登記。該日，也是台灣國民黨當局正在台北召開「七全大會」之時，「戰盟」選擇同一天成立，顯然有和台灣互別苗頭較勁的意味。至於「戰盟」的宗旨，1953 年元月，孟餘曾以〈中共現狀與其命運〉為題於《東京評論》發表，正式提及「戰盟」「反共、反獨裁」的成立宗旨。而在是月 15、6 兩日，《東京新聞》也連續發表了孟餘同日本新聞界著名人士阿部真之助的談話。當阿部問到「戰盟」時，顧氏說：「我們發起中國自由民主戰鬥同盟已有三年，為要慎重，故未發表，直到最近，始出宣言。暫時以張君勱、張發奎兩先生及鄙人三人之名出面，宗旨則在反共反獨裁」意思是搞兩面作戰的第三勢力。

　　為具體凝聚第三勢力的團結，1953 年初，李宗仁、張君勱分別由美國致函給在港的「戰盟」領導人，呼籲團結港、澳各組織。為此，「戰盟」成立伊始，張發奎即積極運作，擴大組織並擴充人事安排：中央委員會委員有張君勱、顧孟餘、張發奎、張國燾、許崇智、童冠賢、宣鐵吾、龔楚、蔡文治、謝澄平、劉震寰、黃旭初、程思遠、李微塵、李大明等十五人。張君勱、顧孟餘、張發奎、張國燾、許崇智五人為常務委員；李微塵為秘書長。

　　中央軍事委員會委員長為張發奎，副委員長蔡文治；中央政治委員會委員長顧孟餘；中央文化宣傳委員會主席張國燾，副主席謝澄平；組織部部長顧孟餘兼，副部長龔楚；青年部部長黃宇人，副部長彭昭賢；對外聯絡部部長程思遠、副部長梁友衡。這些人都是之前「自由民主大同盟」的人馬，但仍以顧孟餘和張發奎的人馬居多，且因青年黨及許崇智（許後來才勉強加入）並未參加，故嚴格言，還談不上是第三勢力的大聯合。基本上，「戰盟」的領導層仍以張君勱、顧孟餘、張發奎為主，故一時有「張、顧、張」之稱。

　　針對第三勢力來勢洶洶，台灣當局使出收買分化手段，此舉令「戰盟」深致不滿。張、顧對台灣當局收買伍憲子事深惡痛絕，李微塵更為此事在《中國之聲》為文罵「蔣介石是中國的毒瘤，這毒瘤已使民主政治在中國流產，又使台灣無法進行有效的反共鬥爭，如果不及時割治，可能陷中華民國的台灣和反共基地的台灣於淪亡。」張發奎雖對台灣分化「戰盟」一事非常不滿，但其對蔣態度仍有所保留，他說：「我不反對政府，亦不反對蔣先生，但是我有意見，不能不提出。」另一「戰盟」大將顧孟餘雖也反對蔣之獨裁，但亦無意把蔣或國民黨拉下台，他甚至表示：「台灣政治雖有許多不滿人意之處，但它此時在國際間尚是自由中國的象徵」，應該「支持並鼓勵台灣國民政府對共產黨之間的鬥爭。」由此可見，顧、張等人對國民黨和蔣尚有所期待也。至於張君勱的看法則較激進，他認為國民黨與蔣均已腐朽不堪，欲建立一個民主憲政的新中國，只有端賴於中國的第三勢力運動，故對蔣及國府不應抱有任何幻想。「戰盟」高層既然對國府及蔣態度分歧，勢必影響彼此間的團結，後來引起磨擦也就不足為奇了。

　　而「戰盟」內部的內鬨，更是「戰盟」紛擾的主因，當時「戰盟」三巨頭，張君勱在美，顧孟餘赴日，真正掌控盟務的為張君勱

系統的李微塵。李權力甚大，原《獨立論壇》的甘家馨、涂公遂等人，為與李合作，還不惜結束《獨立論壇》改投靠李。然在 1953 年春，李卻藉故開除甘、涂等人。不久，連張國燾亦遭到李的排擠，張本為「戰盟」領導層級人物，時為《中國之聲》社長，李微塵聯合童冠賢以財務困難，逼張交出《中國之聲》，張一怒之下宣佈退出「戰盟」。張一向與顧孟餘接近，張的離去，象徵「戰盟」內部顧（孟餘）消張（君勱）長的態勢。

就在台灣方面不斷滲透「戰盟」之際，顧孟餘為此一再致函張發奎、童冠賢，認為「戰盟以往表現不好，要求在組織內部肅清間諜、一切破壞份子、一切投機政客、個人出風頭、妄言妄動者。」懷疑「戰盟」內部有奸細、有破壞份子。1954 年 1 月 31 日，顧建議張發奎，要求「戰盟」暫時停止活動並且改組。顧認為「當時只宜由少數穩健可靠同志，相互作精神上之聯繫，而不可為形式上之組織；只宜作事實與理論上之研究，而不可為公開之號召」。同年 3 月下旬，張發奎派童冠賢赴日與顧商量改組「戰盟」事，顧要求將「戰盟」改名為「中國自由民主同盟」，並提出改組意見七條，張君勱同意顧清除內奸之意見，但反對改名及停止活動，張謂「旗號一旦樹起，不應退縮。」

最後，張發奎為顧全大局，同意了顧的改組意見，但對易名事持保留態度。是年 8 月 18、27 日，張發奎在香港兩度集會，決定徹底改組「戰盟」，成為聯合性的組織，但仍保留「戰盟」名稱。張並且決定成立「改組籌備委員會」，負責改組事宜。9 月 8 日，顧孟餘以改組無望，致函張發奎，認為「今茲決定，與當時所商根本不同，弟不得已只得退出公司，以後一切概不負責。」正式宣佈退出「戰盟」；未幾，張君勱亦在美國宣佈退出，並去美國司法部撤銷登記。顧、張相繼退出「戰盟」後，張發奎的態度亦轉趨消極，1955 年，分崩離析的「戰盟」終告結束，存在時間僅三年餘。

五、結論──晚年投蔣返台定居

　　孟餘遷居香港，除從事第三勢力運動外，期間，孟餘在香港亦曾創辦《大道》雜誌，復參與籌設「新亞書院」及「友聯出版社」工作，接濟由大陸流亡港、九之知識份子，貢獻可謂不小。第三勢力運動失敗後，孟餘絕意政治，離港赴美，居加州柏克萊，擔任美國國務院設立之「中國研究中心」顧問，繼任加州大學中國問題研究所顧問。1961 年春，孟餘曾吟七律一首：「清明海外值良辰，一片鄉心一介身。吳郡舊遊常入夢，燕京小苑幾回春。徒傳草澤能興漢，何處桃源可避秦。屈指中原終奠定，蒼生猶待起荊榛。」

　　詩中濃郁的懷鄉之情溢於言表，「思鄉何不歸故里」，1969 年 7 月，在政府特派張研田赴美迎接禮遇邀請下，孟餘偕夫人由美返台定居，台灣雖非吳郡燕都，但終究是避秦之地。1972 年 6 月 25 日，孟餘病逝台北，享年 84 歲。孟餘一生以擁汪始，晚年回台也算是某種程度的向蔣「交心」，唯大陸已陷，當年擁汪反蔣的恩恩怨怨，似乎已如過往雲煙，不重要了；尤以孟餘幾乎終身反蔣，但蔣還能優容禮遇之，此亦可以看出，蔣晚年之襟懷矣！

從立法院長到第三勢力要角

——童冠賢——

 1948 年，國府行憲後的立法院，在國民黨嚴重派系鬥爭中，獲桂系支持的立法委員童冠賢，以黑馬之姿勝出，當選為立法院長。一時跌破大家眼鏡，此公為何方神聖，居然從一寂寂無聞之大學教授，一下子躋身貴為五院院長之林。誠然，在三〇年代蔣介石是起用一批「學者從政」，較知名的如陳布雷、翁文灝、王世杰、蔣廷黻、何廉諸人，然這批學者大抵與蔣均有淵源。童冠賢與蔣並無關係，他反而是追隨汪精衛，被劃為「改組派」的一員，算是蔣「對立面」的人物，其何德何能可以當上立法院長，反而是其曾經列為反蔣派的緣故，歷史有趣及弔詭之處即在於此。

 童冠賢（1894-1981），原名啟顏，字冠賢，以字行。河北宣化縣人，清光緒 20 年（1894）5 月 16 日生。宣化府中學（宣化一中）畢業後，考入天津南開大學專科部，1915 年，南開大學肄業期間，憤日本逼袁世凱承認中日「二十一條要求」，與同學查良釗、北京法政專門學校王宣、馬洗繁、高仁山、于樹德、陳翰笙、楊秀峰、楊亦周、盧郁之、焦實齋等組織「新中國學會」〈簡稱「新中學會」〉。該學會主要響應當時歐、美、日各先進國家提倡之社會改革運動，主張以平民教育與合作事業著手，從事建設新中國之運動。學會不是只會高唱理論，而是有其實際行動，在五四前後，它們出版專書，如于樹德之《合作論》；創辦學校，以會員張清源主持之「平民中

學」和高仁山所掌的「藝文中學」最有名，由此可見該學會之理想目標於一般。

南開大學專科畢業後，童公費留學日本早稻田大學，在日期間與周恩來相友善，時相往返過從。據周恩來於 1918 年 1 月 1 日的日記言：「晨間起來後，童冠賢來，等吳滌愆，打算同到江勉君的住處，約他做南開同學會的庶務，不一會兒滌愆來了，兩個人商量一同前往。忽然想到書記一職，陳鐵卿還沒答應擔任，所以先打算去勸鐵卿。本來這書記的事，冠賢幹事長先叫我幹，我想想我要預備功課，三月裏還打算考師範，實在沒有閑功夫，便辭絕了。就是評議員，我還打算辭去，等到後天開會時向大家說說，不定可辭去辭不去。」

由周這段日記可知，童與周在南開讀書時應已熟稔，其後到日本留學時，南開校友共組同學會，童被推為幹事長，周則為評議員，童可算是周的領導幹部，故有指派周為書記之舉，於此可見其與周之情誼當係匪淺。1919 年 5 月，「五四運動」爆發，童在日本組織留學生，積極聲援北京學生的反帝愛國運動，於此同時，他也參加了孫中山領導的革命組織。日本留學告一段落後，童又遠赴美國哥倫比亞大學與英國劍橋大學及德、法等國立大學研究所研究政治與經濟學。1925 年學成歸國後，任國立北京大學教授，闡揚三民主義，啟發青年學子革命思想。未幾，追隨顧孟餘赴廣州參加國民黨中央工作，嗣銜命北返，擔任國民黨政治委員會華北分會委員，參與國民黨華北黨務指導工作。在北伐期間，童因反對國民黨內極右之「西山會議派」；兼以其又是顧孟餘人馬，故在政治上被歸為「改組派」人物。

1929 年 3 月，統一全國後的中國國民黨，於南京舉行第三次全國代表大會，會議期間，童因反對採行中委圈選制，及開除汪精衛黨籍事，不惜得罪最高當局，與段錫朋、周炳琳、周佛海、

任培道、李超英、李蔚唐、李壽雍等多人，憤而退席抗議。童此舉，既遭居正、覃振、謝持、鄒魯、李石曾等「西山會議派」之國民黨黨國元老之嫉恨，也因自己之特立獨行，遭國民黨封殺，全面退出黨務工作。童等之離開黨職，不僅中央失算，地方黨務亦發生變化，黨內北伐前之反共青年團體由分裂而渙散，造成國民黨的絕大損失。

離開國民黨黨務系統後，童重歸學術教育本行，曾先後擔任北京大學、暨南大學、中山大學等校教授，其後又出任安徽大學法學院院長與審計部次長等職。抗戰期間，被聘為中央大學教務長，及國民參政會參政員、監察委員和晉陝區監察使等職。抗戰勝利後，1945 年童膺任行政院善後救濟總署冀熱平津分署署長，分署設於北平。時平津地區於戰後，殘破蕭條百廢待舉，百姓流離失所急待安頓。為安置黎民救濟災區，童於天津、保定、承德等地設辦事處，並於各重要地區成立工作隊，計有六組，隨時巡迴於災區。童並與聯合國救濟總署駐北平代表藍赫魯密切合作，將救濟物資如衣服、毛毯、麵粉、奶粉、肉類罐頭與藥品等，由美國海、空軍支援，直接接運至平津，再以舟車飛機轉運輸送到熱河、阜平、順德、大名、磁縣等較偏遠地方。

除以衣物食品救助各地難民外，童更積極致力於善後的建設工作，清華、北大、南開、燕京等大學之校舍修繕，保定農、醫兩學院與天津工專的復校，也是在其資助下完成的。此外，平津兩市救濟院之擴充，永定河上游懷來官廳水庫的興建，冠賢均參與擘劃且貢獻卓著。1948 年，童當選行憲後第一屆立法委員，並在國民黨各派系惡鬥僵持不下的情況下，獲李、白桂系之支持，更上一層樓的當選立法院長，也因此童對李一直心存知遇之恩。1949 年 1 月 21 日，童與李宗仁、孫科、吳忠信、邵力子、陳立夫、谷正綱、蔣經國等人，參加蔣介石在黃埔路總統官邸召開的國民黨中央委員

臨時會議，會中蔣介石宣布第三次下野的重大決定，與會眾人表情陰鬱，會場氣氛冰冷，蔣並出示其與李宗仁的聯名宣言，指明「由李副總統代行總統職權。」

蔣宣布下野後，孫科隨後辭去行政院長職，在居正組閣失敗後，李宗仁提出由何應欽擔任行政院長，蔣初始反對，後勉為同意。4月1日，南京「和平商談代表團」赴北平談判，何應欽並立即成立「和談指導委員會」，成員為李宗仁、何應欽、于右任、孫科、張群、朱家驊、白崇禧與童冠賢等，以便掌握和談代表團與中共進行會談。是年底，童又與時任監察院長的于右任受代總統李宗仁託，飛往廣州勸行政院長閻錫山，將先前已播遷廣州的行政院遷回南京辦公，唯遭閻拒絕。

1949年8月，國、共內戰，國府大勢已去之際，代總統李宗仁為圖他日東山再起，乃授意顧孟餘在廣州組織「自由民主大同盟」，標榜反共、反蔣主張，實已略具「第三勢力」雛型，其核心成員為立法院長童冠賢，黃宇人及一些桂系立委亦加入之。該組織雖由顧負責，唯顧當年掌中央大學校長時，童為教務長，兼以昔日均屬汪之「改組派」，故童深獲顧之信任，乃委其為書記。李撥付港幣二十萬元的開辦費，此款項即由童轉交予顧。是年10月，「自由民主大同盟」遷港後，童冠賢於是月7日辭去立法院長職，並赴港擁護顧孟餘，儼然是顧的頭號大將。

有關童以立法院長之尊，死心塌地的支持顧，即便謝澄平以學生之禮百般拉攏，亦不為所動。焦大耶（朱淵明）於〈「第三勢力」全本演義：第三百六十一行買賣〉一書中，傳神的寫到「童氏始終遜謝，說是『只顧追隨，不能領導』；眾復力加敦促，童乃表示，他認為：『當今之世，反共有理論而又有辦法的，只有兩人，武為閻百川，文為顧孟餘，若要有新組織，似非請顧先生出來領導不可』。」對顧簡直是推崇備至矣！

　　當時活躍於香港的第三勢力運動，主要份子有張發奎、顧孟餘、張君勱、左舜生、李璜、張國燾、許崇智、伍憲子、李微塵、邱昌渭、謝澄平、羅夢冊、董時進、許冠三、王厚生、司馬璐、孫寶剛、孫寶毅與童冠賢等，這些人分屬民、青兩黨；部分則為國民黨以及桂系政治人物。它們在美國金錢支助下，先後成立了「中國民主反共同盟」、「中華自治同盟委員會」、「大中國建國會」、「中國民主大同盟」、「中國自由民主戰鬥同盟」等名稱大同小異的第三勢力團體，並透過報章雜誌宣傳其理念。

　　其實在「戰盟」成立前，冠賢即已參加由許崇智所發起的「中國民主反共同盟」，該組織由美國提供金錢，許以其過去關係，負責招兵買馬，成員有彭昭賢、張國燾、宣鐵吾、上官雲相、胡宗澤、梁寒操、方覺慧、張任民、伍憲子、伍藻池、王厚生、金侯城、左舜生、顧孟餘、王正廷、任援道、鄧錦章、趙立武與童冠賢等人。該盟曾煞有其事的發表十二項〈政治綱領〉，而美方原本對此組織也寄予厚望給以支持，但未幾即知許根本扶不起來，最後散檔了事。

　　有鑒於香港第三勢力團體的各立山頭，力量分散，在美國強力主導下，張發奎、顧孟餘等決定整合擴大第三勢力組織，將第三勢力建立成一股容納各黨派，有效且有力的反共聯合陣線。其步驟先由彼時在港的各黨派推出代表若干人，再由張、顧邀請參加座談交換意見，最後成立一個第三勢力的最高組織，並推選出常務委員主持會務，和負責與美方簽署協定事宜。據黃宇人說，這個「第三勢力」的最高組織，是由美國駐港總領事館政治部授意下成立的，由顧孟餘、童冠賢、何魯之、謝澄平與政治部主任接頭，其後顧等四人再與張國燾秘密組織一個委員會，定名為 Steering Commitee，最初譯為「指導委員會」，後經顧孟餘改為調度委員會，其宗旨在於策動留港中國民主反共人士的聯合運動。

在第三勢力運動組織籌組漸有眉目後，張、顧先行提出一組八人名單，計張發奎、顧孟餘、李璜、張君勱、伍憲子、張國燾、黃旭初與童冠賢等八人。嗣美方以人數過少，不足以反映各黨派力量，張、顧乃又提出一份二十五人名單，分別為張發奎、顧孟餘、童冠賢、許崇智、上官雲相、彭昭賢、宣鐵吾、張純明、張國燾、何義均、黃宇人、黃如今、甘家馨、黃旭初、徐啟明、周天賢（以上國民黨）；張君勱、伍憲子、伍藻池、王厚生、李微塵（以上民社黨）；李璜、左舜生、謝澄平、何魯之（以上青年黨）。

1952 年 3 月 23 日，民社黨主席張君勱應張發奎邀，由印度經澳洲抵香港，在與張發奎、顧孟餘、李璜、張國燾、李微塵、童冠賢、金侯城、毛以亨、伍藻池等晤面後，彼等決定成立一具體組織，此即「中國自由民主戰鬥同盟」（即「戰盟」）是也。該組織並委張君勱為該同盟駐美代表。是年 10 月 10 日，「戰盟」發表宣言，正式對外公開，且向美國司法部辦理登記。該日，也是台灣的國民黨當局，正在台北召開「七全大會」之際，「戰盟」選擇同一天成立，頗有與台灣互別苗頭的味道。在「戰盟」存在的三年多時間裡，因主要領袖群的各分東西，如張君勱遠在海外，顧孟餘行蹤不定，張發奎是虛位元首，所以早期實質決策人物，即為童冠賢，因其與顧的特殊關係，顧將一切大權幾乎全授權於童作決定。至於李微塵的加入核心決策層，那是後期之事。「戰盟」的〈組織綱要〉，即由童、李起草，由此可見其份量於一斑。

由於「戰盟」內部的內鬨及紛擾，兼以國、共的分化打壓，尤其幕後金主美國最後的撒手不管，使得該組織於 1955 年，不得不宣布解體。「戰盟」風流雲散後，童對第三勢力運動的態度亦轉趨消極，不再與聞政治。此後，其曾經一度非常熱衷教育興學，除任教於崇基學院外，並擬創辦中文大學，然限於財力及港府阻撓，未克如願。六〇年代，香港第三勢力運動瓦解後，國、共秘密談判傳

聞甚囂塵上，冠賢以其早年和周恩來的關係，相傳蔣介石曾有意遣其為「密使」，與中共高層接觸，此事雖未經證實，但亦不無可能。1965年，冠賢自香港崇基學院退休移民美國，1981年8月逝世於加拿大，享年88歲。

第三勢力運動與《自由陣線》的
初試啼聲
——謝澄平——

一、前言——香港第三勢力之源起

　　1949 年，是中國政治史上驚天動地的一年，鏖戰多年的國、共內戰，終告塵埃落定，共產黨席捲大陸，國府則倉皇遷台。處此風雨飄搖之際，一部分標榜反共、反蔣，堅持民主自由的政治人物與知識份子，在美國和桂系李宗仁的支持下，雲集香江，首揭反國、共兩黨大旗，鼓吹第三勢力主張，此即五〇年代於香港，曾盛極一時的第三勢力運動。

　　基本上，五〇年代的第三勢力運動，有其錯綜複雜的國內外因素存在，它是美蘇冷戰結構下的一環，背後有美國援助；它也是國內反共、反蔣勢力的結合，所以曾獲得李宗仁的支持與奧援。當時第三勢力之要角有張發奎、顧孟餘、張君勱、左舜生、李璜、張國燾、許崇智、伍憲子、李微塵、童冠賢、謝澄平等，這些人分屬民、青兩黨，部分為國民黨及桂系政治人物。

　　當年他們在美國的金錢支助下，曾先後在港成立了「自由民主大同盟」、「中國民主反共同盟」、「中華自治同盟委員會」、「大中國

建國會」、「中國民主大同盟」、「中國自由民主戰鬥同盟」等名稱大同小異的第三勢力團體。在這麼多眼花撩亂、有如雨後春筍般成立的第三勢力團體中，其中較具知名度的，當推青年黨左舜生、謝澄平等創辦的《自由陣線》集團，也是在文化陣線上，反共、反蔣較有成績的一個第三勢力團體。本文即以《自由陣線》集團為探討對象，談談當年在美國支援下，該集團在香港第三勢力運動中初試啼聲的經緯始末。

二、《自由陣線》集團的擴張與發展

　　有關《自由陣線》集團的興起，可以追溯到 1949 年李宗仁「代總統」期間，時國府大勢已去，李宗仁於離國前夕，紛紛對有關的政治人物和政治團體，大放交情極力拉攏，有的送錢，有的送官，有的送護照；自己則準備去美國爭取美援後東山再起。青年黨亦透過總統府秘書長邱昌渭（邱早年為青年黨員），分到兩萬美金（一說三萬）。這筆錢即由謝澄平以團體名義領到，除部分撥給台灣青年黨總部外，其餘便在九龍牛池灣租屋，作為香港青年黨人的落腳地，此即日後「自由出版社」的大本營所在。由於錢的數目不多，在僧多粥少無法分配的情況下，謝澄平即以這筆錢籌辦了《自由陣線》週刊，首擎自由、民主、反共的火炬。

　　當時在香港的青年黨人物，李璜、左舜生、何魯之等，係屬元老級的領導人物，但李、謝素來不睦，無從合作。因此初期的《自由陣線》，即成左、謝合作的局面。左任農林部長時，謝是他的政務次長，但此次拍擋反而很快散擋，左、謝僅合作一段很短的時間即拆夥。問題是，謝在青年黨內本為次級人物，未曾單獨挑過大樑，同時聲望也不夠，因此李、左既然和他不能相處，謝

自然想到另一元老何魯之，在李、左不管的情況下，何最後同意與謝合作。

然何、謝合作後，《自由陣線》困窘的經濟情況仍未改善，何甚至傾其私蓄，用來補貼虧損，但也仍無起色。謝最後且向油蔴地輪渡公司總經理劉德溥（亦為青年黨員）借調資金，唯仍感不支。期間，《自由陣線》亦曾向台灣的國民黨當局請求補助並獲得應允，後因該刊言論轉趨激烈，國民黨因此停止補助，這可說是《自由陣線》最慘淡艱困的時期。然就在雜誌社舉債度日，「山窮水盡」之時，謝澄平卻忽然戲劇性的搭上美國路線，而使得《自由陣線》有如枯木逢春，「柳暗花明又一村」了。

事情緣於一日，謝從外面回來對何魯之說：其在輪渡上巧遇民社黨的一位友人盧廣聲，盧告知美國遠東區最高政治幕後負責人尤金正在香港。此公頻繁來往於東京、香港、馬尼拉之間，積極物色自由民主人士，想在國、共之外，培養一個中間的力量。澄平聽後速將此事就商於何魯之，何氏贊成其積極採取行動。未幾，澄平隨即到花園道美國駐香港領事館求見尤金，出來接見者為 S 君，S 君告知尤金已去東京，有何事與其接洽是一樣的。而此代號為 S 君者，不是別人，即為美國巡迴大使傑塞普（Philip Jessup）是也。

因此從 1950 年元月起，澄平即頻繁與傑塞普晤面，一談之下，方知謝於哥倫比亞大學留學時，傑塞普正在哥大任教，因此淵源，雙方遂互有好感。而原來謝欲找的尤金，不過是傑塞普的副手，真正美國在東南亞政治最高的幕後負責人，正是傑塞普。由此澄平對傑塞普執弟子之禮甚恭而獲傑氏好感，傑氏答應以亞洲基金會名義，給予每月兩萬美元的補助。

關於此事經緯，當年亦參與第三勢力運動的張葆恩，於謝澄平逝世後的追悼文章，曾詳實的敘述其始末。張說：「謝與 S 君多次會談後，雖然對彼此的企圖心照不宣，但也不得其門，交換問題雖

然廣泛，但具體問題仍無著落。謝明知 S 君是幹什麼的，S 君也知道謝的心意，但大家始終兜不攏。於此同時，S 君也積極接觸其他民主自由人士，如李微塵、孫寶毅、張國燾、黃宇人等。其時，蔡文治透過司徒雷登關係已在沖繩建立軍事基地，所謂第三勢力的軍事重點已經建立了，而文化重點與政治重點尚未完成，S 君心情著急，謝澄平更心急如焚，因為他的《自由陣線》已快撐不下去了。」

「不得已，謝澄平最後只有請何魯之出馬，在中環與 S 君晤面，在大家敞開心胸無所不聊的氣氛中，逐漸建立互信，S 君多次詢問何魯之對國、共兩黨領袖之看法及美蘇世界局勢之意見，何均能坦誠以告，由是漸獲 S 君賞識。就在第三次會談後，S 君決定金援青年黨的《自由陣線》，支持青年黨在文化思想上的反攻。最後敲定以《自由陣線》周刊和美方合作，先從文化方面做起，建立重點，由文化運動，發展到政治運動，再進而及於軍事的運動，形成第三勢力的整體架構，以達成反共復國的使命。」《自由陣線》至此乃由謝澄平接手，並擴大規模辦了「自由出版社」及《中聲日報》、《中聲晚報》等刊物，形成所謂的《自由陣線》集團。該集團核心人物除謝澄平外，尚包括何魯之、丁廷標、劉子鵬、于平凡、史澤之、易重光、樓文毅、許子由、張葆恩、左幹忱等人。

當時謝澄平以《自由陣線》為言論喉舌，對倡導第三勢力運動非常積極，嘗與張國燾、顧孟餘、何魯之、童冠賢及自己舉行五人茶話會（一說「最高調度委員會」），每星期四舉行一次，開會地點多在童冠賢家裡。其後又加入黃宇人、程思遠、張國燾、董時進、伍藻池、黃如今、羅夢冊、史澤之等，舉行跨黨派九人定期座談會，也在試圖建立政治組織。後謝澄平認為可以將座談會擴大為組織，並命名為「民主中國」，主張從教育著手，培育下一代，奠定組織的社會基礎。

　　然就在謝準備籌組團體之際，又出現一位 H 先生（可能是哈德門），此公支持張發奎，因張主持廣州行營時與其有接觸，H 先生是美國中情局的華南首腦；S 君則是華中的負責人。H 先生積極鼓動張發奎「出山」，但張發奎以自己是軍人不懂政治，乃向 H 先生推薦顧孟餘。顧為北大老教授，抗戰時曾任中央大學校長，早年任過鐵道部長，曾經與陳公博號稱汪精衛的左右手，是「改組派」的大將。而張發奎過去在國民黨內的派系關係，一向比較親近汪精衛的。顧、張二人戰時均未隨汪落水，保留一身清白，此刻香港重逢，一文一武，擔負起第三勢力的政治領導責任，於是第三勢力終於形成所謂的「顧、張」聯合領導的局面，且欲組新政團。

　　針對第三勢力團體互立山頭、各豎旗幟的情況下，澄平為此事曾請詢 S 君，S 君建議澄平與渠合作，澄平最後見了 H 先生，也引薦顧孟餘見了 S 君，此為美國推動中國第三勢力運動雙頭馬車的局面。S 君支持謝澄平；H 先生力挺顧、張，為避免力量分散，澄平一派基於第三勢力大聯合的考量，遂放棄自組政團，轉而加入張、顧新政團的籌組工作，此即日後的「戰盟」組織。「戰盟」成立後，澄平與何魯之等，雖以青年黨代表列名其中，然《自由陣線》集團，仍維持其獨立運作，在整個五〇年代第三勢力運動中，依然擁有相當實力。

　　客觀說來，其實《自由陣線》集團，對第三勢力運動的重要性與影響力，較其後的「戰盟」大的多，尤其在言論鼓吹方面更是如此。自澄平接掌《自由陣線》後，該刊即致力於第三勢力理論的闡揚與宣傳活動，1950 年 5 月 1 日，該刊還特別出版「第三勢力運動專號」，表明其作為第三勢力旗手的決心。在〈我們的基本信念〉文中，《自由陣線》揭櫫「民主政治」、「公平經濟」、「自由文化」三大綱領，作為打倒中共專制，反對國民黨獨裁，建立獨立民主的新中國的理想目標。

　　有了美援後的《自由陣線》週刊，後來正式改組為「自由出版社」，工作的業務範圍迅速增加展開。在香港市面上，除定期的《自由陣線》週刊外，還發行「自由叢書」小冊子、文藝小說、漫畫集、專題研究、大學教本、名著翻譯等，均如雨後春筍般紛紛出籠。「自由出版社」的出書，在殖民地文化籠罩下的香港，點燃了自由民主、反共復國的火炬。當時香港的第三勢力刊物有丁文淵的《前途》；顧孟餘、童冠賢為代表的《大道》；張君勱的《再生》；孫寶剛、孫寶毅兄弟的《民主與自由》等，但都不及「自由出版社」的聲勢浩大。

　　除「自由出版社」外，謝澄平還發展許多事業，計有：《英文雙週刊》、《中聲日報》、《中聲晚報》、田風印刷廠、平安書店、尚德英文書院、中共問題研究所、自由作家俱樂部、時代思潮出版社（由羅夢冊出面領導，實際由謝暗中支持）、《主流月刊》（由羅夢冊出面領導，實際由謝暗中支持）、「民主中國青年大同盟」（即以後友聯出版社的前身）、開展「民主獨立中國運動」等（延攬了張國燾、李微塵、羅夢冊、黃宇人、孫寶剛等）。

　　「自由出版社」的班底，基本上以青年黨為主，因此內部人事大多由青年黨人把持，其中重要人物有謝澄平、丁廷標、龔從民、史澤之、張葆恩、夏爾康、譚伯揚等。但為了推廣業務，也對外積極延攬人才，如張國燾、李微塵、孫寶剛、黃如今等。尤其為增加生力軍，更吸收一批「民主中國青年大同盟」的青年知識份子加入，如邱然（北大外文系學生，筆名燕歸來，為該同盟秘書長，友聯出版社總負責人，青年黨人邱椿之女）、陳濯生（中央大學政治系學生，丁廷標女婿，友聯出版社新加坡負責人）、胡越（又名胡清（欣）平，東北人，友聯出版社日本負責人）、徐東濱（西南聯大外文系學生，民主中國青年大同盟主席）、許冠三（筆名于平凡，謝澄平任教東北大學時學生，後脫離民主中國青年大同盟，在港主持「春

秋書局」)、徐質平（筆名徐速，《星星、月亮、太陽》一書作者，後脫離民主中國青年大同盟，自創「高原出版社」，出版文藝書籍）。

此外，「自由出版社」亦出版大量反共書刊，對海外反共運動頗多貢獻。據謝澄平說，「自由出版社」自 1950 年 7 月成立至 1954 年底止，《自由叢書》共出刊 256 種，舉凡中國歷史文化、各國政治文化、蘇俄問題與經濟軍事專著等，約有六十餘種，而關於中共問題的書籍則有近百種之多。文化事業發展之速，單位之多，包羅之廣，真是一日千里，令人側目。而澄平領導的《自由陣線》週刊，在港、九樹起反奴役、反暴政、反極權的大纛。時值紅朝新貴彈冠相慶之際，澄平卻在其臥榻之旁的東方之珠，帶頭發出了「沒有自由絕無生路，結成陣線才有力量」的反共怒吼，其魄力與勇氣是值得肯定的。自由出版社後來與友聯出版社及亞洲出版社，為港、九及海外鼎足而三的反共文化事業團體。

三、《自由陣線》集團的內鬨和失敗

基本上，《自由陣線》集團曾有其輝煌的歲月，在五○年代香港第三勢力運動中，有其舉足輕重的影響力，但最後仍不免走向衰敗沒落的結局，此與領導人謝澄平的作風有絕對的關係，真是「成也蕭何，敗也蕭何」。當年也是《自由陣線》集團核心幹部的張葆恩，在謝辭世後，於台灣青年黨刊物《全民半月刊》上所寫的追悼文章中，即抖出不少驚人內幕。張說：謝澄平利令智昏，領導無方，不僅使對方（美國）失望；抑且沒能把握時機，建立差堪自給的事業根基，以冀爾後能自己維持下去，不依賴外人，竟虛擲光陰十年，步入失敗下場，豈非一大憾事。而謝領袖慾望極強，為爭「戰盟」秘書長而與李微塵不合，為此還得罪「盟主」張發奎。排擠青年黨

老幹部，尤其是參與最初活動的人，怕其知道秘密而欲除之後快。想用新人又不放心，此為用人方面之矛盾。

張接著批評道：最糟的是，謝還喜歡玩弄平衡手法，對待左、何兩位元老及一起打拼的事業夥伴，以遂其個人獨斷獨行，為所欲為的伎倆。張認為謝於事業初起時，就施展了其卸責、嫁禍、懲惡的諸種手法，對付共同努力的朋友，於是演出了排丁（廷標）、打龔（從民）、拒何（魯之）等一連串的把戲。其後逼得左舜生與左幹忱和丁廷標聯名寫「最後通牒」給謝澄平，提出三點：（1）要了解經濟情況；（2）左舜生任社長；（3）今後社務由五人會議決定（左舜生、左幹忱、丁廷標、何魯之、謝澄平）。澄平拒絕，後勉強同意何、左、謝三人每週四於何寓會談，交換意見。社長一職則由何在「紅樓」餐敘時勸退左舜生，左最後同意與何魯之、翁照垣擔任出版社顧問一職。

此外，澄平樹敵太多，也是《自由陣線》集團失敗的另一原因，如謝原本與馬義（司馬璐）、齊星士（蔣炎武）等合辦「自聯社」，為《自由陣線》集團之外圍組織，澄平提供經費，交由馬、齊共同負責。但未幾，馬、齊因互爭領導權而合作破裂，又因經費問題與澄平交惡，於是演出馬登報訴求，齊則毆謝於街頭的醜劇。之所以如此，全是「錢」在作祟，蓋澄平挾「秘密不可洩」為護符，經濟不肯公開，以滿足其個人隨興支配，恣意揮霍的慾壑，終於導致人心離散，自取滅亡。為錢，澄平甚至不惜得罪何魯之，與何大吵一架，並以逐漸減少經費，僅留一點供生活費，以求達到真正控制每人之胃的目的。

澄平不信任舊友，也未能結交新朋，在「戰盟」無聲無息時，澄平曾參加。他也曾發動兩個組織：一為「獨立民主運動」，一為「民主中國青年大同盟」。前者的成員有張國燾、黃宇人、李微塵、孫寶剛、黃如今等；後者的骨幹是胡越（欣平）、許冠三（于平凡）、

陳濯生、丘然、徐東濱等。「獨立民主運動」的成員，都是飽經世故的志大才疏之士，各持己見，呶呶不休，一直談不出個所以然來，最後散伙了事。「民主中國青年大同盟」倒是朝氣蓬勃，有聲有色。澄平最後發現那批青年也是想利用他的錢，才給他一個名，恍然大悟之餘，趕緊縮手抽腿，雙方亦弄得不歡而散。

不過這批青年朋友，倒有實事求是的幹勁，終於取得外援，創辦《祖國》雜誌，組成「友聯出版社」。之後，更網羅人才，事業擴充到南洋新、馬地區，早已步上自給的文化企業之路。而徐速等人的努力亦不落人後，先刊行《海瀾》雜誌，創辦「高原出版社」，繼則發行《當代文藝》月刊，專事文藝創作的出版，異軍突起，銷行海外，廣及南洋，並以《星星‧月亮‧太陽》一書，名震文壇。

總之，由於澄平領導無方，所用非人，引致內鬨，遭受外界鄙視，而在美國壓力及要求下，更參與空投大陸地下工作人員之事。當年空投多達二、三百人，他們都是有去無回，為安頓孤兒寡母，《自由陣線》集團曾耗去不少經費，導致後來捉襟見肘，伏下財務危機，終至瓦解的命運。

四、結論──《自由陣線》集團之風流雲散

平情而言，就整個五〇年代香港第三勢力運動的貢獻言，澄平領導的《自由陣線》集團仍功屬第一。原因為該集團堅持第三勢力主張最久，活動力最強，影響層面最大；且有具體成績與事功。茲以 1951 年初，國民黨特派雷震與洪蘭友赴港與各方接觸，回台呈蔣之報告為證，雷、洪二氏言：「關於所謂第三勢力問題，實際上僅有許崇智、謝澄平、孫寶剛等少數分子，其中以許之集團聲勢比較浩大，……謝澄平在文化方面辦有《自由陣線週刊》、《英文雙週

刊》、《中聲日報》、《中聲晚報》、自由出版社，出叢書數十種，津貼羅夢冊之社會思潮研究所，並以稿費名義資助生活困難之知名之士及青年學子，每月開支，以目前計，不少於港幣六萬元，其款係由美國主持情報方面取來，而以大陸情報交換之（其所有情報由報紙及各方訪問得來），在香港方面以文化工作反共頗有成績，網羅青年學子亦不少。」

又雷震對第三勢力運動，提給蔣介石的建議也提到，香港方面所謂「第三勢力」，不足重視。內情也很簡單，其領導人物僅有謝澄平、孫寶剛及羅夢冊諸人。謝的集團僅有二十餘人，以《自由陣線》雜誌為中心，另組有自由出版社，刊行反共書籍，《自由陣線》原由左舜生主持，實際上由謝澄平負責，以後左、謝意見不一致，左遂不問《自由陣線》之事。雷之意見也為我們印證上文提及《自由陣線》集團內部不合之事，即左、謝互爭領導權與不睦之內鬨。其後，左舜生致函雷震亦自述：《自由陣線》弟久不作文，最近連看也不看，因兄來信，我才把登有臺灣小事的幾期要來看了一看，有許多地方誠不免過於刻薄，對軍隊則相當恭維，對英印態度則表示不滿，似乎並不是完全惡意。如以大度處之，似值不得注意，何況禁止入口？總也算得一種處罰了。

而國民黨自己也評估，香港第三勢力運動，以謝之《自由陣線》集團實力較大，在〈向行政院報告、國民黨改造委員會建議與雷震按語〉中說，關於謝澄平等之組織，多係羅致一般青年，除有刊物若干種外，並設有一研究所，每月支出不下於一萬美金，其力量實已超過許等之團體費。至謝等之經費來源，聞係由美方負責。凡此均在在說明謝澄平領導的《自由陣線》集團，在香港第三勢力的初試啼聲，實則不鳴則已，一鳴驚人。以謝過去在中國政壇之寂寂無聞，在青年黨內亦屬二流角色，能有如此一番成績，確實不容易。

　　當然，《自由陣線》集團能如此風光，主要原因還是背後有美國撐腰及金錢支援，唯自 1959 年起，美國的亞洲基金會改變方向，從資助宣傳轉為補助教育，對《自由陣線》經援也大幅削減。《自由陣線》至此維持日艱，而澄平也因人事與財務問題，離開香港遠走東京，《自由陣線》及「自由出版社」終告落幕，最後走到停刊命運。然總的說來，《自由陣線》週刊共維持了近十年，而較晚成立的「戰盟」，則早已結束多年，可見《自由陣線》集團對第三勢力運動的貢獻，遠在「戰盟」之上。

史地傳記類　PC0184

逝去的虹影
——現代人物述評

作　　者 / 陳正茂
主　　編 / 蔡登山
責任編輯 / 鄭伊庭
圖文排版 / 楊尚蓁
封面設計 / 蔡瑋中

發 行 人 / 宋政坤
法律顧問 / 毛國樑　律師
印製出版 / 秀威資訊科技股份有限公司
　　　　　114 台北市內湖區瑞光路 76 巷 65 號 1 樓
　　　　　電話：+886-2-2796-3638　傳真：+886-2-2796-1377
　　　　　http://www.showwe.com.tw
劃撥帳號 / 19563868　戶名：秀威資訊科技股份有限公司
　　　　　讀者服務信箱：service@showwe.com.tw
展售門市 / 國家書店（松江門市）
　　　　　104 台北市中山區松江路 209 號 1 樓
　　　　　電話：+886-2-2518-0207　傳真：+886-2-2518-0778
網路訂購 / 秀威網路書店：http://www.bodbooks.com.tw
　　　　　國家網路書店：http://www.govbooks.com.tw
圖書經銷 / 紅螞蟻圖書有限公司
　　　　　114 台北市內湖區舊宗路二段 121 巷 28、32 號 4 樓
　　　　　電話：+886-2-2795-3656　傳真：+886-2-2795-4100

2011 年 12 月 BOD 一版
定價：280 元
版權所有　翻印必究
本書如有缺頁、破損或裝訂錯誤，請寄回更換

國家圖書館出版品預行編目

逝去的虹影 : 現代人物述評 / 陳正茂著. -- 一版. -- 臺北
　市 : 秀威資訊科技, 2011.12
　　面 ;　公分. -- (史地傳記類 ; PC0184)
　BOD 版
　ISBN 978-986-221-855-6(平裝)

　1.傳記　2.中國

782.18　　　　　　　　　　　　　　　　　100019226

讀 者 回 函 卡

感謝您購買本書,為提升服務品質,請填妥以下資料,將讀者回函卡直接寄回或傳真本公司,收到您的寶貴意見後,我們會收藏記錄及檢討,謝謝!
如您需要了解本公司最新出版書目、購書優惠或企劃活動,歡迎您上網查詢或下載相關資料:http:// www.showwe.com.tw

您購買的書名:_____

出生日期:_____年_____月_____日

學歷:□高中 (含) 以下　　□大專　　□研究所 (含) 以上

職業:□製造業　□金融業　□資訊業　□軍警　□傳播業　□自由業
　　　□服務業　□公務員　□教職　　□學生　□家管　□其它_____

購書地點:□網路書店　□實體書店　□書展　□郵購　□贈閱　□其他

您從何得知本書的消息?

　□網路書店　□實體書店　□網路搜尋　□電子報　□書訊　□雜誌
　□傳播媒體　□親友推薦　□網站推薦　□部落格　□其他_____

您對本書的評價:(請填代號　1.非常滿意　2.滿意　3.尚可　4.再改進)

　封面設計____　版面編排____　內容____　文/譯筆____　價格____

讀完書後您覺得:

　□很有收穫　□有收穫　□收穫不多　□沒收穫

對我們的建議:_____

_____

_____

_____

11466
台北市內湖區瑞光路 76 巷 65 號 1 樓

秀威資訊科技股份有限公司　　　收

BOD 數位出版事業部

....

（請沿線對折寄回，謝謝！）

姓　　名：＿＿＿＿＿＿＿＿　年齡：＿＿＿＿　性別：□女　□男

郵遞區號：□□□□□

地　　址：＿＿＿＿＿＿＿＿＿＿＿＿＿＿＿＿＿＿＿

聯絡電話：(日)＿＿＿＿＿＿＿＿＿　(夜)＿＿＿＿＿＿＿＿＿

E-mail：＿＿＿＿＿＿＿＿＿＿＿＿＿＿＿＿＿＿＿